本专著得到以下科研项目资助：
教育部人文社会科学基金项目(21YJAZH007)
福建省高校人文社会科学研究基地"海西财政与金融发展研究中心"开放基金课题(HXCJ1901)
闽江学院"普惠金融与农村电商协同创新中心"开放基金课题(XTZX1803)

和美乡村在地化
浙江城郊乡村产业转型与空间重构的特征与演变

陈潇玮　朱晓青　贾　甫　著

东南大学出版社
SOUTHEAST UNIVERSITY PRESS
·南京·

内 容 提 要

本书在建设宜居宜业和美乡村背景下，针对乡村产业机制转型与乡村空间载体的现状特征与发展需求，以浙江省城郊乡村为研究对象，基于管理学、建筑学等多学科视角，研究产业转型与空间重构的特征与演变规律，构建浙江省产业与空间一体化模式，结合乡村产业与空间一体化建设的典型案例进行多元实证分析，凝练浙江省城郊乡村产业转型与空间重构的特征与演变路径，总结浙江省和美乡村在地化策略与实施路径，为我国乡村地区产业转型与空间重构提供经验参考和政策启示，促进乡村人居环境品质建设。

本书可供从事乡村人居环境领域设计与实践的研究人员、技术人员、管理人员阅读，也可供相关专业高等院校师生参考。

图书在版编目(CIP)数据

和美乡村在地化：浙江城郊乡村产业转型与空间重构的特征与演变 / 陈潇玮，朱晓青，贾甫著. -- 南京：东南大学出版社，2024.4

ISBN 978-7-5766-1368-1

Ⅰ. ①和… Ⅱ. ①陈… ②朱… ③贾… Ⅲ. ①乡村—农业产业—产业发展—研究—浙江 Ⅳ. ①F327.55

中国国家版本馆 CIP 数据核字(2024)第 063426 号

责任编辑：宋华莉　　责任校对：张万莹　　封面设计：王 玥　　责任印制：周荣虎

和美乡村在地化：浙江城郊乡村产业转型与空间重构的特征与演变
Hemei Xiangcun Zaidihua: Zhejiang Chengjiao Xiangcun Chanye Zhuanxing yu Kongjian Chonggou de Tezheng yu Yanbian

著　　者	陈潇玮　朱晓青　贾 甫
出版发行	东南大学出版社
出 版 人	白云飞
社　　址	南京市四牌楼 2 号 (邮编：210096　电话：025-83793330)
网　　址	http://www.seupress.com
电子邮箱	press@seupress.com
经　　销	全国各地新华书店
印　　刷	广东虎彩云印刷有限公司
开　　本	787 mm×1092 mm　1/16
印　　张	11.25
字　　数	240 千字
版　　次	2024 年 4 月第 1 版
印　　次	2024 年 4 月第 1 次印刷
书　　号	ISBN 978-7-5766-1368-1
定　　价	58.00 元

本社图书若有印装质量问题，请直接与营销部联系，电话：025-83791830。

序　言

本书的研究内容是基于陈潇玮和朱晓青两位弟子的多年研究成果。他们两位从博士期间就跟随我开展乡村人居环境研究的理论与实践，学习与研究的能力强，具有很强的团队意识与沟通协调能力。他们目前是高校建筑学科的教师，一直与我的团队保持联系从事乡村人居环境方面的研究，并且还在师门内搭建了科研合作桥梁。他们积极探索了乡村人居环境营建方向的跨学科研究方法，其研究成果具有重要的理论价值与现实意义。

以习近平同志为核心的党中央提出的"建设宜居宜业和美乡村"建设是全面实施乡村振兴战略的又一重大举措，是党中央对乡村建设内涵和目标的进一步丰富和拓展，也是未来一段时间内农村工作的重要抓手。党的二十大报告和2023年中央一号文件中也对此作出了重要的战略部署，指引乡村建设向宜居的生态环境和公共服务配套、宜业的产业结构体系、和美的全面小康生活愿景等方向发展。从建设"社会主义新农村"，到建设"美丽乡村"，再到建设"宜居宜业和美乡村"，集中反映了我们党对乡村建设规律认识的不断深化。

二十年来，"千万工程"久久为功、扎实推进，造就浙江万千美丽乡村，造福广大农民群众。而今，从"千万工程"到"建设宜居宜业和美乡村"，浙江走出了一条推进乡村振兴、促进共同富裕的发展道路。本书研究内容针对和美乡村在浙江的实现路径，紧紧围绕城郊类乡村产业转型与空间重构的特征与演变展开了深入研究。

本书理论部分以陈潇玮的博士学位论文《浙江城郊乡村产业与空间一体化模式研究》为基础，提出的乡村"产业与空间一体化模式"理论具有一定的创新性，探求了以推动乡村经济发展为导向的人居环境营建的有机更新方法。在当前建设宜居宜业和美乡村背景下，本书的研究又根据乡村产业机制转型与乡村空间载体之间的现状特征与发展需求，以浙江省城郊型乡村为研究对象，基于管理学、建筑学等多维视角，研究产业转型与空间重构的关系特征与演变规律，构建浙江城郊型乡村产业与空间一体化模式，研究涵盖了农村产业发展、空间格局、产业融合、土地利用、农业综合体等方面的内容，从整体上总结了浙江省和美乡村在地化策略与实施路径，对于拓展乡村建设领域研究的方法和实践具有重要的学术价值与现实意义。

2023年12月于杭州西溪

前　言

建设农业强国,宜居宜业和美乡村既是新时期乡村振兴的主战场,更是城郊乡村产业转型与空间重构的新阵地。习近平总书记在2022年中央农村工作会议上强调,"农村现代化是建设农业强国的内在要求和必要条件,建设宜居宜业和美乡村是农业强国的应有之义"。由此可见,乡村产业机制转型对乡村空间载体提出新的要求。当前,农业现代化引起空间形态与格局的演变,同时也产生了农村基础设施与公共服务配套跟不上、大量耕地废弃等空间问题。由于提升农村经济核心问题是产业结构的规划调整,因此,当下的乡村建设必须首先应对产业转型问题,再进行空间形态的规划,从而避免宜居宜业和美乡村建设后,乡村的再次空心化与二次衰败。

针对和美乡村在浙江的在地化实现路径,我们经常会思索城郊乡村产业转型与空间重构的特征与演变机理是什么?产业转型与空间重构的互动机制研究对"三农"有哪些影响?由此产生了合作写一本和美乡村在地化著作的想法,结合理论与案例研究内容,记录浙江乡村产业转型与空间重构特征与演变。

本书是教育部人文社会科学基金、福建省高校人文社会科学研究基地"海西财政与金融发展研究中心"开放基金课题、闽江学院"普惠金融与农村电商协同创新中心"开放基金课题的研究成果之一。感谢博士生导师王竹教授、博士后合作导师郭红东教授及英国约克大学贾甫教授多年的悉心指导,他们是我们在"乡村人居环境""农村产业发展"领域研究的引路人。特别感谢闽江学院对本书出版工作的大力支持,感谢浙江工商大学、浙江理工大学、浙江工业大学的研究团队尤其是硕士研究生虞逸琪、程晓娟、陈奇恩、钱鑫瑜,他们的基础调研工作为本书的案例研究奠定了扎实的基础。

著　者

2023年11月

目 录

第1章 绪论 ··· 1
  1.1 研究背景:建设和美乡村视角下城郊乡村的挑战与转型 ················· 1
    1.1.1 新发展阶段城郊乡村的角色意义 ·· 1
    1.1.2 和美乡村及产业转型的政策背景 ·· 3
    1.1.3 乡村建设在地化的概念认知 ·· 5
    1.1.4 浙江城郊乡村产业转型与空间重构的现状问题 ······················· 6
  1.2 国内外相关研究与实践 ··· 11
    1.2.1 城郊乡村的地位与作用 ·· 12
    1.2.2 乡村社区在地化营建模式 ··· 13
    1.2.3 乡村建设的地区差异性 ·· 15
    1.2.4 乡村产业转型对空间重构的影响 ·· 17
    1.2.5 研究述评 ··· 19
  1.3 研究的缘起、目的与意义、创新点 ·· 19
    1.3.1 研究的缘起 ·· 19
    1.3.2 研究的目的与意义 ·· 25
    1.3.3 研究的创新点 ··· 26
  1.4 本章小结 ··· 27

第2章 和美乡村在地化策略:产业与空间一体化模式 ························· 28
  2.1 城郊乡村产业转型的内涵 ·· 28
    2.1.1 乡村产业转型的机遇与挑战 ·· 29
    2.1.2 乡村产业转型的基本方向 ··· 30
    2.1.3 城郊乡村产业转型策略 ·· 31
  2.2 城郊乡村空间重构的内涵 ·· 39
    2.2.1 乡村空间重构的机遇与挑战 ·· 39
    2.2.2 乡村空间重构的基本方向 ··· 40

2.2.3 城郊乡村空间重构策略 …………………………………………… 45
  2.3 城郊乡村产业转型与空间重构一体化模式 …………………………… 48
   2.3.1 产业与空间一体化模式构建 ………………………………………… 48
   2.3.2 产业与空间一体化模式解析 ………………………………………… 50
  2.4 本章小结 ……………………………………………………………… 54

第3章 和美乡村在地化目标：建设"和美空间" ……………………………… 55
  3.1 城郊乡村产业与空间一体化的目标 …………………………………… 55
   3.1.1 和美乡村建设目标的提出 …………………………………………… 55
   3.1.2 "和美空间"的内涵 ………………………………………………… 55
  3.2 "和美空间"的营建原则 ……………………………………………… 56
   3.2.1 产业空间营建原则 …………………………………………………… 56
   3.2.2 社会空间营建原则 …………………………………………………… 59
   3.2.3 生态空间营建原则 …………………………………………………… 63
  3.3 "和美空间"的营建策略 ……………………………………………… 68
   3.3.1 发展规模农业的"和美空间" …………………………………… 69
   3.3.2 发展特色农业的"和美空间" …………………………………… 71
   3.3.3 发展智慧农业的"和美空间" …………………………………… 73
   3.3.4 农产品品牌化的"和美空间" …………………………………… 75
   3.3.5 乡村旅游升级的"和美空间" …………………………………… 77
  3.4 营建机制控制 …………………………………………………………… 78
   3.4.1 营建的形式 …………………………………………………………… 80
   3.4.2 营建的形制 …………………………………………………………… 80
   3.4.3 "和美空间"目标体系的构建 …………………………………… 81
  3.5 本章小结 ……………………………………………………………… 86

第4章 和美乡村产业转型与空间重构特征与演变分析 ……………………… 87
  4.1 整合遥感、地理信息系统和图像处理 ………………………………… 87
   4.1.1 相关理论研究 ………………………………………………………… 87
   4.1.2 相关应用研究 ………………………………………………………… 88
   4.1.3 适宜性方法的采纳 …………………………………………………… 90
  4.2 时空维度下的和美产业空间格局演变分析 …………………………… 90
   4.2.1 产业格局与空间格局 ………………………………………………… 91
   4.2.2 研究路径与方法 ……………………………………………………… 91
   4.2.3 案例的选择 …………………………………………………………… 93
   4.2.4 空间重构特征与演变规律 …………………………………………… 98

4.3 本章小结 ·· 99

第5章 案例1：群益村产业转型助推和美乡村建设之路 ·········· 100
5.1 自组织引导高生态效益产业转型的研究背景 ····················· 100
5.2 案例概况 ·· 102
　　5.2.1 案例的选择 ··· 102
　　5.3.2 数据收集 ·· 103
　　5.3.3 数据分析 ·· 104
5.3 高生态效益目标下群益村产业转型之路 ···························· 105
　　5.3.1 涤纶织物生产业主导时期 ······································· 106
　　5.3.2 粗放式产业转型时期 ··· 107
　　5.3.3 综合产业转型时期 ·· 107
5.4 自组织引导下高生态效益型产业转型机制 ························ 109
　　5.4.1 综合产业转型提高了乡村生态效率 ·························· 109
　　5.4.2 村级自组织提高了产业转型过程中的生态效率 ········· 110
　　5.4.3 村级自组织生态圈的建立 ······································· 112
5.5 本章小结 ·· 113

第6章 案例2：华联村农业综合体建设助推和美乡村建设之路 ·········· 114
6.1 研究背景 ·· 114
6.2 农业综合体 ·· 115
6.3 案例的选择 ·· 116
6.4 商业模式的演变 ·· 118
　　6.4.1 诞生阶段（2016年10月—2017年6月） ··············· 119
　　6.4.2 发展阶段（2017年7月—2018年7月） ················· 122
　　6.4.3 主导阶段（2018年8月—2019年1月） ················· 123
　　6.4.4 竞合阶段（2019年2月至今） ······························ 125
6.5 本章小结 ·· 127

第7章 案例3：湖埠村产业与空间一体化模式 ························ 129
7.1 湖埠村产业与空间发展的困境与机遇 ································ 129
　　7.1.1 城乡生产要素流动受阻的困境 ································ 129
　　7.1.2 全域土地综合整治的机遇 ······································· 129
7.2 案例概况 ·· 130
7.3 营建策略 ·· 131
　　7.3.1 项目定位 ·· 131

  7.3.2 营建模式 ··· 131
  7.3.3 土地利用规划 ·· 131
 7.4 产业与空间一体化模式 ··· 133
  7.4.1 产业重构 ··· 133
  7.4.2 空间重构 ··· 134
  7.4.3 农业综合体规划 ··· 135
 7.5 本章小结 ·· 136

第8章 案例4：和美乡村在地化之混合型社区建设 ································· 138
 8.1 背景 ·· 138
 8.2 案例研究 ·· 140
  8.2.1 案例选择 ··· 140
  8.2.2 乡村"工作-生活单元"建立 ·· 143
  8.2.3 研究框架 ··· 144
  8.2.4 计算和数据分析 ··· 144
  8.2.5 混合利用活力、碳排放和可持续性的空间分布 ················ 147
 8.3 结果的空间呈现 ·· 147
  8.3.1 三类乡村社区的混合利用活力、碳排放和可持续性 ········ 147
  8.3.2 乡村社区的空间分布 ··· 149
 8.4 讨论 ·· 152
 8.5 本章小结 ·· 154
  8.5.1 理论贡献 ··· 154
  8.5.2 对未来政策制定的启发 ··· 155

第9章 和美乡村在地化发展的政策建议 ··· 156
 9.1 一体化建设农业项目 ·· 156
 9.2 系统性规划乡村社区 ·· 157
 9.3 全方位盘活乡村用地 ·· 158

参考文献 ··· 159

第1章 绪 论

乡村,往往会勾起都市人对田园生活的向往,正如宋代诗人黄庭坚在诗中所述:"骑牛远远过前村,吹笛风斜隔陇闻。多少长安名利客,机关用尽不如君。"乡村,应是心灵归隐的乌托邦。

然而现实并非如此。由于中国城镇化发展迅速,城乡二元结构长期存在,城乡差距逐步拉大,大量劳动力离开乡村涌入城市,造成乡村劳动力短缺,形成乡村"空心"现象。传统农业观念的遗存和以往乡村土地制度的束缚,对社会资本和专业技术进入农业和乡村产生诸多羁绊,使得中国农业发展方式转型缓慢。如今中国乡村人居环境被严重破坏,发展之路困境重重。

农业是我国国民经济的基础,农业农村农民问题是全面建设小康社会进程中的关键问题。如何运用乡村规划的方法,改善乡村人居环境,助力农业现代化发展,研究乡村生产、生活、生态融合的空间形态,探索可持续发展的乡村产业转型道路,是当前乡村规划工作者面临的时代任务。

浙江的城郊乡村环境喧闹、凌乱却充满生机。它们处在中国规模最大、经济最发达的都市群中间,它们与大城市的区位关系、经济关系以及它们本身的城镇化方式都具有先行意义及典型性。研究浙江城郊乡村的产业和空间关系,对中国广大乡村的发展具有一定的启迪和示范作用。

当前,"和美乡村"是乡村振兴的新阵地与主战场,并赋予乡村空间新内涵。从2013年中央一号文件明确提出"美丽乡村建设"的概念,到2023年中央一号文件提出"建设宜居宜业和美乡村",以产业转型发展为导向的乡村空间建设目标已明确。但乡村基础设施与公共服务配套设施落后、土地利用率低等空间现状,严重阻碍了产业的可持续发展。因此,乡村产业转型与空间重构的协调发展,是建立完善的产业创新体系,建设"宜居、宜业"和美乡村的重要途径。

1.1 研究背景:建设和美乡村视角下城郊乡村的挑战与转型

1.1.1 新发展阶段城郊乡村的角色意义

党的二十大报告进一步提出要"坚持农业农村优先发展,坚持城乡融合发展,畅通城乡要素流动",为城郊乡村建设带来机遇与挑战。乡村建设的重要背景之一是城镇化进程的加快。城镇化是"农业土地及人口向非农业的城镇转化的现象和过程"(李德华,2001),具有一定的阶段特性,乡村建设在城镇化过程的不同阶段扮演着不同角色。

1) 城镇化进程中的城郊乡村正面临重要的转折点

城镇化存在地区差异,中国的城镇化过程快速、高效,尤其是在人均GDP达到3 000美元的前后10年时间里,城镇化率迅速提高。美国经济学家、诺贝尔经济学奖得主约瑟夫·斯蒂格利茨曾预测,21世纪对世界影响最大的两件事分别为美国高科技产业的发展和中国的城市化。据统计,到2011年中国的城镇化率已达到51.27%。中国仅花费了22年,完成了英国用120年、法国用100年、美国用40年才取得的城镇化率(桂俊荣,2013)。

中国城镇化进程发展迅速,但是各地区的发展呈不均衡状态。经济基础好的地区城市化进程发展较快。2015年中国的城市化率是56.1%,在长三角地区的城市群中,上海已达到89%,浙江和江苏都超过了65%。长三角地区的城市化率整体超过了75%,同期中西部很多省份的城市化率还停留在30%～40%之间。因此,浙江的城郊乡村问题的研究,不仅为解决城镇化进程处于后期阶段地区的问题提供思路,还对发展中地区城郊乡村的发展有借鉴意义。根据美国城市学者诺瑟姆(Ray M. Northam)提出的城市化三阶段理论,长三角地区刚开始进入后期阶段,世界发达国家的经验表明此时城乡形态将发生巨变,城市人口比重增长趋缓,中心区表现出衰落迹象,出现逆城市化现象。

然而,处在城市化进程后期阶段的长三角地区大城市却并未出现所提及的中心区衰败迹象及逆城市化现象。以杭州为例,据杭州市统计局2016年的数据,截至2015年末,杭州的城镇化率达到75.3%,常住人口数突破900万。杭州数年前就已进入城镇化进程的后期阶段了。杭州版图扩张后,原有中心依然繁荣,新的中心不断形成,然而经过20多年的高速建设,城市基础设施的发展仍然赶不上人口聚集的速度。而且,不仅杭州如此,中国大部分一线和二线大城市都出现了同样的情况。

发达国家的经验和理论在中国不适用的原因何在?如果按照发达国家的城市化目标70%～75%推算,中国将来的城市人口数将超过10亿。这是一个没有预先经验的惊人数字,意味着未来中国可能出现数十个超级城市,意味着中国的城市化之路可能与欧美国家不尽相同。

随着中国城市化进程不断推进,城市与其周边乡村产生千丝万缕的联系。城郊乡村与城市是一种动态的相互作用关系,眼前的城郊乡村不久后可能变成城市中一片绿地,也可能成为城市新中心。城郊乡村处在城市增长的缓冲带(黄华、肖大威,2016),独特的经济结构、社会结构及地理位置特殊性,加上相对便利的交通设施和相对完善的城市基础配套设施,使之兼具城市与乡村的特质。

然而土地制度和户籍制度等决定了城郊乡村依然是乡村,农业用地上的产业只能以农业为主体。对于当前中国的城郊乡村而言,未来发展之路必须因地制宜地体现中国特色。

在城镇化进入后期阶段的浙江地区,城郊乡村的演变可能不再是简单的土地转性变成城市市区,中国城郊乡村的发展也许正面临一个重要的转折点。

2)破解城乡二元结构是实现城乡发展一体化的突破口

在发展中国家由传统农业经济向现代工业经济过渡的历史进程中,必然出现乡村相对落后的生产和生活方式,与城市不断进步的现代生产、生活方式之间形成不对称的组织形式和社会存在形式,即所谓"城乡二元结构"。

城乡二元结构体制,是为计划经济服务的,限制与束缚了农业、乡村、农民的发展。改革开放以后,中国实行社会主义市场经济,经过三十多年的努力,在城市二、三产业已经破除了计划经济体制的束缚,基本建立了社会主义市场经济体制。但城乡分治的户籍制度和集体所有的土地制度等重要体制还没有改革,所以城乡二元结构的体制还继续在乡村发挥作用,这就是我国"三农"问题久解不决的根本原因。

城郊乡村位处城市边缘,城乡矛盾冲突激烈,所涉及的问题远比一般的纯城区或纯农区复杂得多。以城郊乡村为研究对象,以破解城乡二元结构为突破口,深入研究城郊乡村的问题根源,在发展乡村经济的基础上走乡村城市化道路,实现城乡发展一体化,是解决我国"三农"问题的有效途径。

1.1.2 和美乡村及产业转型的政策背景

党的二十大对全面推进乡村振兴作出战略部署,提出要"建设宜居宜业和美乡村"。习近平总书记在2022年中央农村工作会议上强调,"农村现代化是建设农业强国的内在要求和必要条件,建设宜居宜业和美乡村是农业强国的应有之义"。在全面开启社会主义现代化建设的新征程中,建设宜居宜业和美乡村是党中央在"三农"领域的重大政策创新,是全面实施乡村振兴战略的又一重大举措,是未来一段时间农村工作的重要抓手,具有广泛扎实的现实基础,符合广大农民的殷切期盼,需要进一步研究、谋划、贯彻落实。

1)从"新农村建设"到"建设宜居宜业和美乡村"的政策演进

乡村产业机制转型是"新农村建设"到"建设宜居宜业和美乡村"政策转变的新导向,目前已成为我国农业产业更新换代的现状。

自2003年习近平同志在浙江启动"千村示范、万村整治"的乡村人居环境建设行动以来,乡村建设逐渐成为时代命题。2005年10月党的十六届五中全会提出"建设社会主义新农村",在会议通过的《中共中央关于制定"十一五"规划的建议》中,提出了"积极推进城乡统筹发展",以解决"三农"问题、加速推进农业现代化,由此,"新农村建设"在全国范围内正式全面开展。

2013年中央一号文件首次提出"建设美丽乡村"的奋斗目标,农业、乡村与旅游产业结合发展,成为农业发展新的方向;2014年,李克强总理在推进新型城镇化,解决好"三个

1亿人"问题的政府工作报告中提出"推进以人为核心的新型城镇化";2015年中共中央国务院印发《关于加大改革创新力度加快农业现代化建设的若干意见》,不仅对乡村的外在美(人居环境整治)提出了具体的建议,更对乡村的内在美(产业转型发展)提出了一系列目标。"美丽乡村"建设是社会主义新农村建设的升级阶段,回应了乡村居民对美好生活的更高期待,也呈现出从人居环境到自然生态、乡村产业、乡土文化等要素协同发展的丰富内涵。

2023年中央一号文件关于"美丽乡村"又增添了"和美"的新表述。和美乡村是既能体现"外在美",也能体现"内在美"的乡村。建设宜居宜业和美乡村能达成这样的目标,同时也表明,我国乡村建设总体上已从满足乡村居民生活温饱的生存型乡村建设,向满足乡村居民全面小康生活的发展型乡村建设转变与跃升。

宜居宜业是和美乡村的基本特征和重要前提,具体而言:一是拥有宜居的生态环境和公共服务配套,包括优良的自然生态和悠久的人文生态的相互交融,人居生活设施和教育医疗养老等服务体系的配套;二是拥有宜业的产业体系与业态,能为多类型劳动者提供自主就业、受雇就业、合作就业等多种就业与创业机会,并实现持续增收和共富发展。随着近年来大量社会资源的涌入,乡村不再仅仅属于村民,而是融合村民、政府、学者、企业、媒体、创业者、新乡贤、志愿者、社会组织等多种主体的空间。在各主体的互动、博弈、掣肘、磨合之中,复杂的关系网络逐渐形成。

从"新农村建设"到"建设宜居宜业和美乡村"政策的演进,是中央乡村政策可持续发展目标的微调,体现了中国乡村政策的时代性。

2) 新发展阶段乡村产业转型与空间重构的政策机遇

中国乡村长期处于以血缘家庭为基本生产单位的小农经营状态,农户小规模分散经营是我国主要的传统农业经营方式。而今,传统农业发展方式面临时代的强烈挑战,乡村产业转型与空间重构具有高度相关性,从而引起乡村空间的重构。

近年来,基层政府积极探索宜居宜业和美乡村的价值实现新路径,通过"产村融合"形成长效减贫与就业增收机制,充分利用乡村空间激发产村融合发展,带动小农户群体就业增收(黄祖辉,2023)。

而今,乡村产业转型政策持续深化。2023年2月,中央一号文件明确提出"扎实推进宜居宜业和美乡村建设"。"建设宜居宜业和美乡村"是2022年党的二十大报告提出、2023年中央一号文件进一步强调的乡村振兴重要任务,也是改革开放以来,我国继2005年提出新农村建设、2017年提出实施乡村振兴战略 2018年发布《农村人居环境整治三年行动方案》、2021年发布《农村人居环境整治提升五年行动方案(2021—2025年)》、2022年发布《乡村建设行动实施方案》背景下,对乡村产业转型提出的新任务和新要求。然而,当前国内外已有研究多聚焦乡村建设模式及评价,关于小农户利益视角下的产村融合研究刚起步,集中在乡村建设、产业融合、土地利用、利益分配等方面。

在产村融合背景下,小农户在多元主体利益格局中的弱势地位愈加凸显。我国农村普遍存在产业体制机制滞后、村庄承载能力不强等问题。随着专业化的市场主体介入产村融合,更是产生了"土地利用转型与小农户利益分配失衡"的现实问题,导致参与主体利益分配不均衡、小农户增收不明显等相关问题(王竹等,2019c;戈大专、龙花楼,2020)。其根源是作为乡村建设责任主体的基层由于组织能力不足,缺乏统筹规划能力,难以代表村民利益,更难以保护村民利益,个别地方政府"以地谋发展"模式进一步激化了农村用地权属关系不明、利益分配机制不完善等问题(刘守英等,2020)。

1.1.3 乡村建设在地化的概念认知

"在地化"的字面意思即因地而设计。"地"即"土地与地域","地"可从大地、地方和场所三个层面来界定。就大地的层面来界定,指的是土地,是地表某一地段,包括了地质、地貌、水文、土壤、植被等多种自然要素在内的自然综合体,是综合的自然地理概念;对于地方层面的界定,指的是根植于本土的地域特色,包括历史文脉、经济形态、民俗信仰、社会结构等方面,其内部特征具有一定的相似性和连续性,地域间差异性的特质为空间限定提供条件;对于场所层面的界定,指的是形成地域特色的地域,场所则是承载者与见证者。"在地"就是指"在这块区域上";"在地"往往与"本土""本地"联系在一起,在概念的界定上,几者既有相通之处,又有不同之处(杜瑞泽,2015)。清华大学周榕副教授认为"在地,不仅是一种狭义的位置标识,同时包含着设计思想。呈在于地,包含了建造的理由:因地而在,指出了设计的线索,与地同在,检释了追求的理想。于是,在地设计也就演变为设计对于'地'的一种应答,对地域、地方、地点的多样性觉醒、揭示、放大以及强化"(周榕,2014)。

1) 在地化乡村建设的生成生长机制

任何地区营建体系的生成并非先验确定,是地区自然生态、经济技术、社会文化等诸多因素构成的动态网络综合作用下的结果,经历了营建过程的加与减的不断修正与反复认同,从而形成了传统地区建筑最佳的材料选择、技术手段与营建方式,既适应于当地自然环境与资源状况,又体现了地区的经济与社会文化的真实性(魏秦,2013)。因而要挖掘在地化乡村建设的生成生长机制,把握、调控其演进方向,必须先逐一分析自然、经济、技术、社会文化等限定要素对乡村地区营建体系生成生长的作用,再以整体系统的思维分析诸因素对其演进的综合作用。

乡村地区营建体系在地化的生成生长无时无刻不受到地区整体环境因素的约束作用,包括地区自然生态、经济技术与社会文化等诸因素对乡村建设在地化生成的影响与作用。人们通过自我的调适与选择过程,来最终求得与生态的和谐共存,为把握与调控乡村建设在地化营建体系的演进方向找到了研究的出发点。

2) 在地化乡村建设与人类行为的互动关系

自然生态环境作为人类借以生存和活动的背景与舞台,与人们形影相随,共时共存。自古以来,人类以自然维持生计,择地建家也讲究适应地方自然地理条件的限制,顺应地形地貌,选择易于调节气候的场所(如:湿地),就地取材构筑住所以抵御不利自然环境的威胁,这已经成为世界各地民居营建所遵从的基本原则。影响地区建筑的诸多因素之中,生计方式、经济技术与价值观都会随着时代的发展而有所改变,唯有自然生态因素具备相对稳定性,是地区建筑生成与生长的主导因素。它包括地域气候、地形地貌、绿化植被、水文地质、自然资源和能源等。

人的行为来自各种条件限制下产生的某种需求,而这种需求在逐步提高,从起码的安全庇护到物质与精神需求的全面满足。如果适应于自然环境的限制是地区建筑形成的前提,那么与社会文化相适应就是地区营建体系得以维持与发展所补充的营养。影响地区建筑生成生长的社会文化要素包括民俗习惯、家庭结构、宗法制度、宗教、价值观、审美情趣等诸方面。不同的自然地理条件使人们产生了不同的理解与认识,当这种认识固化于人们的思维的深层结构时,它反而会反作用于人们的社会行为,由此而形成了各个地区社会文化的特征。社会文化因素最终成为地区营建体系形成的主导因素。

1.1.4 浙江城郊乡村产业转型与空间重构的现状问题

本书的案例积累了大量浙江省内乡村的现状调研和规划调研。由于城郊乡村中"村庄"空间与"田野"空间的问题及其形成原因有所不同,现将分类阐述不同空间中的现状调研情况和规划问题。

1) 城郊乡村"村庄"空间的现状

城郊乡村,特别是特大型城市的城郊乡村,特殊的地理区位导致了其产业环境的特殊性。这类乡村的产业形态受到相邻城市的强烈影响,呈现出非村非城的混乱状态,常是城市低收入外来务工者的聚居地,廉价原材料的堆放地,低附加值产业或污染产业的加工聚集地。其主导产业随着城市主导产业的变迁而变迁。

城郊乡村的村民多数不再种地,或选择进城务工,或从事房屋出租等非正式经济活动,日夜盼望土地和农居被城市化征用而获得高额赔偿。加上城乡二元体系和监管盲区,城郊乡村经常会呈现脏、乱、差的生活环境和无序多变的产业环境,亟待改善。

浙江城郊乡村"村庄"空间的基本现状可以归纳为"脏、乱、差"(表1.1),具体表现为村貌杂乱,违章搭建现象严重,侵占农业用地现象频繁发生,许多农户以违章出租居民楼,向企业出租农业用地上违建的堆场为主要收入来源(表1.1、图1.1)。

表 1.1 浙江城郊乡村"村庄"空间的基本现状汇总

现状	分类	表现
脏	公共场所脏	主次干道、集贸市场、公园广场、车站码头卫生不达标
	水域污染	公共水域污染严重,生活污水随意排放
乱	乱占道	田占道、宅占道、道路堆物、桥下堆物、道路擅自开口、僵尸车停放
	乱开车	机动车交通违法行为频发、燃油助力车上路行驶
	乱摆摊	违章经营、乱设摊点、乱设堆场
	乱建房	村庄建设用地违章建房,农业用地违章建房,危房治理不到位、乱建围墙
	乱拉线	户外缆线乱牵乱拉、缆线松垮垂落、线网林立
差	沿街立面差	卷闸门、防盗窗、遮阳棚、空调室外机、户外广告、横幅、店招违规违章设立
	企业形象差	企业"低小散"
	配套设施差	环卫站、垃圾中转站、垃圾箱、公共厕所、城市家具配套不到位
	园林绿化差	公园绿都、街头绿地、河道驳岸、院墙绿篱绿化不到位

(资料来源:作者整理)

图 1.1 杭州城郊乡村违章搭建现象严重

(资料来源:作者自摄)

2) 城郊乡村"田野"空间的现状

城郊乡村在产业经济发展的同时,也将面临一系列的环境问题,如,侵占农业用地现象频繁发生(表1.2)、农田基质破碎化、水体污染、产业景观凌乱等(图1.2)。这也是我国与欧美城郊乡村(图1.3)风貌的最大区别。城郊乡村作为城镇化的优先发展区域,除了提升基础配套设施之外,还应在空间环境上进行生态底线与生态安全的控制。

通过对浙江城郊乡村"村庄"空间与"田野"空间现状的调研,并从"三农"问题角度对应性地寻找原因,可归纳出两者普遍性的关联(表1.3)。将与"三农"问题相对应的现象进行梳理与整合,包括占用村庄建设用地("村庄"空间)和农业用地("田野"空间),低效的产业经济与资金缺乏,劳动力城市化与人口结构复杂。

表1.2 侵占农业用地现象

安吉碧门-浒溪口村:违章占用农田建造工厂

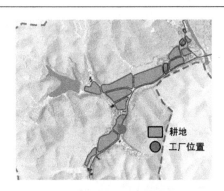 

德清雷甸镇-杨墩村:占用基本农田种植枇杷果树、挖塘养鱼

(资料来源:课题组)

图 1.2 杭州城郊的农业景观

(资料来源:作者自摄)

图 1.3 德国郊外的田野

(资料来源:作者自摄)

表 1.3 浙江城郊乡村与"三农"问题对应的普遍现象

"三农"问题	现象	表现	问题
农村 (规划用地)	在"村庄"空间,占用村庄建设用地	在村庄建设用地上搭建大量的违章生活用房与辅房	浙江城郊乡村空间和环境的现状带来环境和生态问题
		在村庄建设用地上违章搭建生产用房与辅房	
	在"田野"空间,占用农业用地	农业用地上生产设施建设超标	
		农业用地上辅助设施建设超标	
		在基本农田上种植果树	
		在基本农田上挖塘养鱼	
农业 (产业)	低效的产业经济	非正式经济:出租违章建设用房	浙江城郊乡村经济和资本现状带来产业问题
		低效经济:在农业用地上出租厂房、大棚等	
		产业结构落后:在农业性质的土地上,生产方式落后	
	资金缺乏	社会资本缺乏投入的渠道	
农民 (劳动力)	劳动力城市化	生活、生产、交往方式受城市影响较大,具有居民与农民的双重特质	浙江城郊乡村人口构成的复杂性带来社会问题
	人口结构复杂	外来务工人员较多,人员结构混乱	

(资料来源:作者整理)

3) 城郊乡村的规划问题

近年,《中华人民共和国城乡规划法》(以下简称《城乡规划法》)和土地利用的具体规划的衔接成为乡村规划的关键问题。《城乡规划法》强调了对镇、乡、村规划的重视,将"乡规划""村庄规划"与"镇规划""城市规划"分离,使乡、村庄成为独立的规划对象。但是,长期以来按照城市规划理论进行的乡村规划仍然与乡村地区发展不相适应。其根本原因在于城市与乡村发展基于不同的产业构成。以农业为主要产业基础的乡、村的生产生活与土地这一农业生产要素紧密关联,乡村规划也必然会涉及农用地和建设用地。城市规划大多是在已经划定的大范围规划建设区内进行的规划,边界明确且规整,而乡村规划面对的是农业用地与村庄建设用地交错的规划基底,根据土地用途管制的要求,必须与土地利用规划紧密关联。

(1) 浙江城郊乡村"村庄"空间存在的规划问题。

当前我国乡村规划大多沿用城市规划理论和方法,设计工作的重心放在乡村的建成区,即"村庄"空间。"十一五"期间,国家就提出要按照"生产发展、生活宽裕、乡风文明、村容整洁、管理民主"的要求,扎实推进社会主义新乡村建设。十年后大部分地区积极有力执行政策,投入了大量的人力、物力和财力推动新乡村建设,缩小城乡差距,破解"三农"问题。许多乡村的人居环境得到了改善,乡村基层设施快步提升,村容村貌大为改观。

然而,在规划方面呈现出的问题是:政府部门统筹"生产发展"的要求,但在规划设计层面对其考虑不足,注重乡村空间环境的"形",忽略生产发展的"魂"。部分村庄在新乡村建设整治完成若干年后,人居环境和生态环境呈现倒退的现象,没有获得可持续的发展。

因此,出现不可持续现象的城郊乡村有一些共性问题:低效的经济模式、混乱的社会结构、严重的生态威胁。社会环境和生态问题根本上是生产发展的问题,是由生产力与生产关系不匹配所引起的。处理好生产发展的问题能相应地解决与缓解其他问题。因此,浙江城郊乡村可持续发展的根本性方法是激活乡村的产业活力。只有将经济问题、产业规划与乡村的空间环境规划一体化考虑,才符合乡村建设可持续发展的要求,真正解决浙江城郊乡村的"三农"问题。

(2) 浙江城郊乡村"田野"空间存在的规划问题。

以农业生产为基础的"田野"空间表现出的形态与景观,跟"村庄"空间的形态与景观有明显不同,在土地特征方面的差异更大。"在城镇化加速时期,基于原有封闭、稳定的乡村发展的乡村规划背景发生了很大的变化,社会经济变化显著,土地制度的影响深远。现有的乡村规划和管制难以适应现代农业发展和乡村社会经济转型的需要"(赵之枫、郑一军,2014)。

目前,乡村规划大多是重"点"规划、轻"域"规划,把规划重点聚焦在村庄建成区,对非建设用地的空间发展引导不足(图1.4),乡村景观规划也鲜少将产业因素纳入设计范围,导致"田野"空间规划难以有效指导乡村产业发展(图1.5)。

现代农业生产体系及发展方向的确立,必将使农业用地的形态和景观发生与产业机制匹配的根本性改变,在有条件的区域形成自然的生产性景观。产业与空间一体化的规划方法是改善"田野"空间形态的有效方式。

同时,产业与空间一体化的规划方法将带来乡村生产空间的"再增长"。生产空间"再增长"是指乡村空间规划的重心逐渐由村庄内部建成区向村庄周边的农业用地及乡村全域扩展。充分发掘土地利用潜力,积极引导农业发展方式转型,在既定的土地上形成村庄内外空间规划并重的生产空间"再增长"现象。

图1.4 德清五四村——对农业用地的景观未作规划

(资料来源:浙江大学王竹教授)

图1.5 安吉大竹园村——艺术农田的规划手法未结合产业,偏向形式化

(资料来源:浙江大学王竹教授)

1.2 国内外相关研究与实践

通过查阅文献发现,区域产业结构的研究是经济学和地理学的传统研究方向,目前国内以经济学和社会学视角下研究乡村产业机制转型的文章为主,从规划设计角度研究乡村产业与乡村空间形态、景观形态关系的文章不多,且多基于乡村建设的研究案例,提出产业布局发展及空间,未形成系统的以产业机制为主导的乡村规划理念,也缺少完整的产业机制与规划学、建筑学相关的理论指导体系。

1.2.1 城郊乡村的地位与作用

1) 国内:城市对城郊乡村各方面的影响与渗透日益强化

城郊乡村在城市的辐射下,不仅具有优越的区位优势和经济基础,还初具"工业反哺农业,城市支持乡村"的良好条件,使得城乡产业互动增强,农民收入提高(陈娜,2010);浙江大学王雪如在《杭州双桥区块乡村"整体统一·自主建造"模式研究》(2011)中提出,城镇化以巨大的先导优势冲击着传统的周边乡村社会,引起乡村社会多种类型的产业裂变,裂变方向例如加工工业、市场集散、专业特色及以基本农业为主的混合式;曹婧涵的《都市近郊区村镇空间规划研究:以重庆市巴南区石龙镇为例》(2015)指出,城郊乡村的土地流转的潜力较大,其乡村集体建设用地和宅基地有了更大的增值空间。基于区位优势,都市近郊乡村的农业产业化已初具规模。

城郊乡村逐渐分担了城市功能与资源压力。在城镇化进程中,城郊乡村同样反作用于城市。期刊文章《基于城市边缘区判定的城市地域空间结构研究——以杭州市为例》(王纪武等,2015)中提出,随着城镇化水平不断提高,城市的地域结构由"向心集聚,封闭环状"转为"多心增长,开放网络"。城市边缘帮助打破了主城中心区过去的封闭环状形态,分担了城市功能与资源压力,且发展成为第三种独立的具有特殊功能的社会、经济单元和空间类型(王纪武等,2015);天津大学李长虹(2012)在论文《可持续农业社区设计模式研究》中的研究表明,自1949年以来,伴随快速的城镇化脚步,郊区人口逐年递减,而城市人口逐年增加。单向的人口迁移趋势说明了城郊乡村近年来作为城市的补给站,输送了大量人口与资源,促进了城市经济快速发展。

城郊乡村环境一直是城市生态系统的净化器,是城市污染的接收器。在针对某一个具体的城郊乡村社区进行规划时,应当考虑其接收、储存和传输可持续能量和资源的能力。同时,北京林业大学王静文在《城镇化进程中城郊都市农业景观组织》中指出,随着城郊都市农业景观的提出,以新型农业为纽带的城郊乡村与城市高度耦合在一起。这种新业态满足了市民观光游赏、采摘加工等农业体验需求,使城郊既保存了农业景观的自然生态特点,又注入了科技与生态文化元素,而使城市拥有了城郊良好的生态资源与旅游资源(王静文,2015)。

随着城镇化的推进,城郊乡村的地位日益凸显,相关研究也很多。然而多数研究的重点是相关的环境和社会整治问题,将产业与空间整合的研究比较缺乏。

2) 国外:大城市与城郊乡村都面临着快速发展任务

美国地方级规划采取的主要方法是区划方法。在规划中城郊乡村的角色意义是保护农业用地、限制城市边界的无序扩张(Cullingworth and Caves, 2003; Yokohari et al., 2000)。Grant等学者(2013)认为在过去的15年中,城市郊区虽然是美国城市增长的主要地带,但大多没有固定的形态。Kenneth(1987)提出美国的郊区化体现在人口密度低,城乡界限不明确,城郊居民社会经济地位高于市中心,通勤距离过长与开销增大等方面。Burchell 和 Mukherji(2003)曾归纳过城市的无序蔓延会带来的后果有土地开发密度低,土地利用分离单一,形态零碎,农业用地和开放空间消失,等等。

欧洲的城市郊区的情况并非美国的翻版,而是基于欧洲城市发展背景下的一种典型的"欧洲模式"(Marco and Joachim,2005)。例如英国城郊乡村是目前英国经济、社会与环境要素的综合性空间载体。1947 年在英国《农业法案》(*Agriculture Act*)的影响下,乡村经历了从农业短暂兴盛到出口问题导致的产业衰败,从而引发了年轻人外流、乡村衰落的现象(Gallent,2007)。这个过程说明乡村空间是产业经济的载体。叶齐茂(2005)在《国外村镇规划设计的理念》中举例,Sherwood Energy Village 是英国老煤矿 Oilerton 边缘的村庄,其规划采用了调整空间的方式,考虑了整体环境的恢复,解决了就业问题并重组了社会结构。由此可以看出,英国城郊乡村规划逐渐实现了从用地规划、引导规划到空间规划的相应转变。

德国在统一后,所有大城市城郊乡村都面临着快速发展任务。为避免土地的滥用和环境恶化并强化城市性,城乡郊区角色被定义为"城市、紧凑、绿色"(Düwel and Guschow,2001),即在阻断城市无序扩张的同时,为乡村创造和保持同等的生产和生活条件,不断缩小城乡差别,使城与乡、乡与乡之间均衡和协调发展(周颖等,2005)。日本的城郊乡村角色是促进城市与城郊的均衡发展和有计划地利用国土,具体提出的"村镇综合建设示范工程"是以具体项目建设为契机,来提升城郊乡村的建成环境(毛汉英,2000)。其土地利用规划主要对农业用地加以限制,通过保护耕地、保护林带来保障优美的环境和公共开放空间,土地利用在功能上的转换可弥补农业用地的损失。

自 20 世纪起,东南亚地区例如泰国许多主要城市的开发商获得了大量的土地所有权,并在其中投入巨额资本(宋京华,2013),这些城市郊区乡村中出现了一种新市镇(new town)的全新发展形式,这些新中心在城市边缘地区迅速扩散,吸引着部分的高消费人群。它将机场、港口、工业用地以及道路系统联系起来,并补充适宜的工作场所、商店以及休闲娱乐场所(刘玉亭、程慧,2013)。

1.2.2 乡村社区在地化营建模式

1) 中西方对乡村社区界定的探索由来已久

西方对农村概念和乡村社区界定的探索由来已久(Gilbert,1982)。由于包含物质空间与抽象空间,农村及乡村社区难以准确定义(Pacione,1984)。乡村社区比较完整的定义来自 Halfacree(1993):描述性定义、社会-文化定义、乡村地方性和乡村社会表征(social representation)。乡村社区被看作一个不断变化的状态,随着人地发展,乡村社区研究重心发生转移,从以往过度强调生产增长,到追求更高的效率和效益,再到明确地关注公平、减少贫穷和脆弱性(Barry 等,2003)。因此乡村社区营建更多被视为地域发展行为、重新组织分配资源和合理化协调村民的行为(Simon,1990)。

我国学者从社会学视角提出:乡村社区本质上是一种由政府主导的规划性社会生活共同体,本身属于一种规划(项继权,2009)。功能上在于满足人们的社会需求、精神需求,只有完善社区设施,才可实现农村资源的有效整合(徐勇,2012)。在城乡融合背景下,随着经济格局、社会格局和生态格局的演变,传统村落逐渐转型成农民集中居住区、农村片区化中心社区、农村总部庄园社区等形态,为三产融合模式研究带来新视角(曹立前、尹吉东,2016)。

2) 各国乡村社区营建概念、视角与规划方法不同

由于乡村发展战略不同,不同国家和地区的乡村社区营建概念、视角与规划方法不同。基于三产融合视角,乡村社区营建模式研究主要围绕"产业-空间"及"系统性"展开。

在"产业-空间"方面,国外学者主要从经济地理学视角开展研究,如:Poudevigne等(1997)通过景观格局分析,发现景观格局变化的主要动力与产业变化、城市化及地方保护政策的作用有关;Shumway(2001)在研究移民与美国西部山区收入变化的空间模式中发现,农村社会结构调整促发以服务为基础经济的乡村生成。国内学者近几年热衷于将产业和空间融合,进一步拓宽对农村营建的认识框架,如以一产为主并结合三产优化发展的"农业综合体基本单元""田园综合体"等(王竹等,2019b;姚翔宇等,2019)。

在"系统性"方面,国外有学者指出乡村社区建设和可持续发展需要深入、综合、动态理解景观功能和驱动力,并且需要地理、规划、景观建筑、人类学等多学科知识(Lapping等,1989)。农村营建包含内容(战略和政策)、组织(组织机构与交互关系)、方法(自上而下和自下而上)(Plan-Afric,2000)。还有许多学者提出在乡村社区营建模式中提高决策制定的公众参与度,除了社区精英以外,还要给予边缘群体包括低收入者、老人、妇女发声的机会,以及促进在此出生的、长大的和新来的不同群体之间的互相理解和欣赏(Huijbens、沈昊,2016)。我国乡村社区营建模式逐渐向规划方法、建设内涵和治理方式三个方面转型(徐会夫,2014;屠爽爽等,2019),规划模式逐渐实现从"建造"到"营建"的更新(孙炜玮,2014;王竹等,2019a)。多数学者认为乡村社区发展需引入以农民为主体的内生式发展模式,进而增强新型乡村社区发展的自主性和持续性,如牟宗莉等学者(2019)从多元主体的共生、复合空间的共生、集群产业的共生和多样环境的共生4个方面提出"共生"理论下的乡村规划策略;王竹等学者(2019c)认为乡村营建的成果体现为人地共生的关系,是"农民主体、政府主导、科技支撑、企业助力、社会参与"五位一体模式结构;叶红(2015)认为应完善规划编制体系、法规体系、行政体系三者协调的村庄规划体系。

3) 乡村社区评价体系增加治理评估维度指标

国外学者普遍认为,改善社区的生活质量是启动农村发展特别是土地发展的必要条件(Léon,2005)。乡村社区生活质量的分析除了经济维度,还必须包括社会和环境维度(Sen,1987)。在乡村社区评估方面,除了"盈利能力"与"环境适应性",还涵盖"满意度""参与度"

及"幸福感",这方面的研究更重要并具有挑战性(Casini 等,2021)。

国内主流规划模式建立的乡村社区评价指标基于"生产、生活、生态"空间系统的融合,如李健娜等(2006)确立了乡村人居环境评价指标,同时建立了 Delphi 评价模型;李长虹(2012)统筹利用生产空间,合理布局生活空间,严格保护生态空间,建立了可持续农业社区评价指标体系。近几年,乡村社区评价指标开始融合"制度执行"与"农民利益"等治理评估维度(沈费伟、肖泽干,2017)。

1.2.3 乡村建设的地区差异性

1) 国内:发达地区对城郊乡村的重视程度大于内陆地区

经济发达地区在未来一段时期的新型城镇化和转型提升都更为领先,由此提出新的方向——"产城融合"。《空间经济学视角下城郊型开发区产城融合路径》(孙建欣、林永新,2015)指出,2014 年发布的《国家新型城镇化规划(2014—2020 年)》提出的"产城融合"要求已被上海、天津、成都等大城市纳入"十二五"规划中。裘东来(2014)在期刊文章《长三角开发区产城融合发展研究——以嘉兴经济技术开发区为例》中对"产城融合"进行了解释,即产业功能、城市功能的融合发展。城市承载产业空间、发展产业经济,实现城市、产业、环境和人之间的持续健康发展。在此背景下,城郊乡村相应地得到了更多的重视。王铁成(2008)将开发区定位为城区式、近郊式和远郊式。孙建欣与林永新(2015)在此基础之上认为近郊乡村与主城的关系十分复杂和密切,土地使用的变化更为活跃,产城融合的诉求也更明显。

发达地区对城郊乡村的重视还体现在"美丽乡村"与"特色小镇"的建设上。例如庄建敏与汪琦(2015)在《中国园林》的文章中表明上海市美丽乡村建设工作起步较早,2007—2013 年就开始初步探索乡村村庄改造。在影响力方面也很可观:近期上海首批 15 个美丽乡村市级示范村已经建成。根据边缘城市理论,柯敏(2016)总结了区位导向下通过政府和社会资本合作模式(简称 PPP 开发模式,即 public-private-partnership 的缩写)推进特色小镇建设,进而吸引产业集聚、带动发达地区综合开发的小镇路径。例如嘉善上海人才创业小镇的创立基于良好的区位条件,为打造上海大都市区边缘地区,上海参与全球的产业分工创造了有利条件。

汪彩琼(2012)提出,近年来,浙江安吉、衢州等地大力推进中国美丽乡村建设的实践,是浙江新乡村建设的鲜明亮点和成功范例。华南理工大学宋京华(2013)也提出美丽乡村建设最早始于浙江的"安吉模式"。华中师范大学吴理财、吴孔凡(2014)提到自 2010 年 6 月起,浙江省全面推广安吉经验,把美丽乡村建设升级为省级战略决策。浙江省农业和农村工作办公室为此专门制订了《浙江省美丽乡村建设行动计划(2011—2015 年)》,目标为 2015 年全省 70%左右县(市、区)达到美丽乡村建设工作要求,60%以上乡镇整体实施美丽乡村建设。安吉县是一个典型山区县,经历了工业污染以后,1998 年放弃工业立县,2001 年发展生态立县战略。2003年,安吉县结合浙江省委"千村示范、万村整治"在全县实施"双十村示范、双百村整治"(农业部农村社会事业发展中心新乡村建设课题组,2009)。自那以来,安吉县通过美丽乡村建设和基础环境整治,改善了社会经济面貌。舒川根(2010)提出安吉成功之道在于以经营乡村的理念,立足本地生态资源优势,发展特色竹茶产业、生态乡村旅游业并结合生物医药、绿色食品、新能源新材料等新兴产业,在产业与空间上齐头并进。

在特色小镇方面,内陆地区不同于区位导向下的发达城市小镇建设。例如浙江省部分特色小镇建设就是基于产业导向的,也更具地域特色。柯敏(2016)认为,浙江城郊乡村建设根据产业特色可分为产业升级型、资源利用型、新兴产业型。例如龙泉青瓷小镇、东阳木雕小镇等是产业升级型;武义温泉小镇、莲都的古堰画乡小镇是资源利用型;余杭梦想小镇、西湖云栖小镇则是新兴产业型。

经济发达地区的产业介入措施,已给经济不发达地区带来一定的示范作用。内陆地区的城郊乡村有其特定的地区资源与优势,城郊乡村建设应遵循因地制宜的原则。

2) 国外:秉承城乡同等重要的城市发展观

英国著名学者埃比尼泽·霍华德最早提出了城乡融合理论。其1898年著作《明日的田园城市》中提出的城乡必须联姻的论题,已隐含了城乡融合的概念。城乡联姻观点的本质,是希望改变原有城乡分离的社会结构形态,从而形成一种全新的城乡融合的社会结构(图1.6)。

随着时代的继续发展,刘易斯·芒福德(Lewis Mumford)在20世纪60年代提出了城乡同等重要的城市发展观,城市与乡村的发展关系应当有机结合在一起,城市在人工环境的提升过程中,应当更加注重自然环境(李淼,2014)。此外,法国学者布罗代尔提出城市、乡村具有"分离和靠拢、分割和集合"特点的观点也受到了学术界的关注(李长虹,2012)。

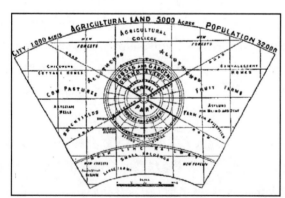 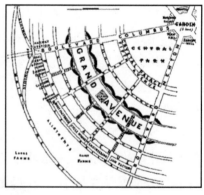

图1.6 田园城市图解示意

(资料来源:埃比尼泽·霍华德,2000.明日的田园城市[M].金经元,译.北京:商务印书馆:13-14.)

在多样性指数及其统计特征方面已有学者做了很多工作,如 R. V. O'Neill J. 等学者在1988年的《景观格局指数》中,就提出景观生态学研究空间生态系统的模式;方法是对空间格局进行必要的量化,可以与生态过程结合,并确定了信息理论和分形几何的三个指标,再使用数字化地图计算了美国东部的 94 个四方大格栅。该指标被验证为合理且相互独立的、可准确捕捉景观格局的主要特点,再通过分形维数计算,能分析人类活动时景观的影响程度。

1.2.4 乡村产业转型对空间重构的影响

产业转型是全面推进乡村振兴战略、实现"产业兴旺"的重要途径,在现阶段国内经济大循环背景下地位更加凸显。2015 年中央一号文件首次提出推进农村一、二、三产业融合发展,到 2020 年制定支持农村一、二、三产业融合发展的用地政策意见,再到 2021 年强调推进农村一、二、三产业融合发展的示范园区建设,中央政府持续 7 年以"精准施策"支持三产融合项目的落地与建设。同时,产业转型促进了乡村社区的空间重构与治理创新,激发了产业转型发展及资源重新配置,促进了财产性收入的增长(刘超,2019;刘守英等,2020)。

1) 建设和美乡村为乡村的产业转型创造重要机遇

产业转型是近几年中国农村发展的研究热点。如在乡村发展的"三产融合"指通过理念创新、科技创新、生产方式创新带动的纵向农业产业链深化、横向农业功能拓展等形式,增加二、三产业的农业活动功能,实现农村产业增值空间的最大化(李治等,2018;姜峥,2018;黄季焜,2020)。在西方文献中,与我国三产融合概念最相近的研究主题是多功能农业(multi-functional agriculture),指农业活动功能超出了生产粮食的作用,注重产权与经营方式、投入和产出能力等方面相结合(Boody 等,2005;Marsden 等,2008)。西方多功能农业的研究集中在生态系统服务和休闲农业的运营管理,强调借力乡村发展的外部环境优势实现农业的社会、文化和经济的功能(Renting 等,2009;Meraner 等,2018)。

2) 产业转型为乡村社区营建体系的发展注入活力

产业与空间的协同规划对于引领乡村振兴发挥规划意义重大,将重塑乡村的经济格局、社会格局和生态格局(曹立前、尹吉东,2016)。基于此,乡村社区营建对象已由单一的空间形态转化为农业综合体,针对田园综合体、模块化产业包等新型乡村形态的研究大量涌现(Meraner 等,2018;王竹等,2019b;朱晓青等,2020)。为研究产业与空间协同发展机制,国内外学者普遍采用地理学技术与方法分析乡村景观格局演变机理,深入剖析空间格局变化与产业变化、城市化及地方政策的关系(Shumway,2001;龙花楼,2019)。为提升产业与空间耦合的协调性,有学者提出通过规划引导要素配置可提高产业与空间的匹配度(邓仲良、张可云,2017)。

新时期的乡村社区营建模式呈现"系统性"发展趋势。当前,国内农村社区营建模式的创新路径可归纳为规划方法、建设内涵和治理方式三种类型,乡村建设的内涵也由"建造"发展为"营建"(王竹、钱振澜,2015;屠爽爽等,2019)。乡村社区本质上是一种规划性社会生活共同体,融合了多元主体、复合空间、集群产业和多样环境等系统性因素,由此产生了保护村民利益的"多元主体共生"与"人地共生"的营建体系(项继权,2009;贺勇等,2012;王竹等,2020)。国外有学者较早指出农村社区规划不仅需要深入、综合、动态理解乡村景观驱动力,还需考虑地理、规划、景观建筑、人类学的交叉融合,基于战略与政策、组织机构与交互关系,自上而下和自下而上的路径,深入探索社区系统性营建策略(Lapping等,1989)。在社区的评价指标中,学者们提倡将村民"满意度""参与度"与"认同感"等指标纳入评价体系,以更好地支撑可持续城镇化和良性乡村转型(Sen,1987;Casini等,2021)。

3)产业转型激发我国土地利用政策的创新发展

学术界普遍认同土地利用冲突是产业融合的主要挑战。当前农村土地的细碎化、分散化、低效率利用以及扭曲配置,均影响现代农业的规模化经营、农村劳动力向非农产业的转移(李治等,2018;屠爽爽等,2019;Kristensen等,2019)。我国的土地权属、指标分配、使用主体等比世界其他地区更为复杂,乡村土地利用形态既包含数量和空间结构等显性形态,也包含功能、产权方式、利用效率等隐性形态,因此,现今的研究聚焦在土地需求引导供给和约束机制(黄祖辉、王朋,2009;龙花楼,2015;Ho,2017;戈大专,2020)。为突破现有的国土空间规划约束,有学者提出通过空间治理盘活土地要素,在城乡格局下重塑乡村有机体的产业发展基础,进一步推进产业转型项目的落地(龙花楼、屠爽爽,2017)。

土地产权制度是维护农民土地权利的前提。在乡村振兴战略下,农业用地流转是资本下乡的首要环节,但同时引发农民利益分配的风险,亟须建构完善的主体介入市场权益保障机制与村集体内部分配机制。多数学者认同土地产权关系明晰与土地资源有效配置呈正相关关系,将农村潜在土地权益变成现实的资产、资本及收入流,可突破城乡二元结构(黄祖辉、王朋,2009)。为增强中国土地利用制度的稳定性和灵活性,农经学者提出土地产权制度创新需要确保农民土地权益、拓展交易平台内涵、完善土地法规等(黄祖辉等,2012;钱文荣、郑淋议,2019)。

4)乡村人地关系的研究随着乡村转型发展逐步升温

"人地关系"一直是乡村转型发展基础。我国乡村的人地关系经历了在地化、去地化和再地化3个阶段,呈现"稳固—松动—脱离—分离"的关系演变过程,这由我国农本立国发展阶段、工业化与城镇化转型阶段及现阶段乡愁推动城乡融合的历史演变过程决定(钱文荣,朱嘉晔,2018;贾亚鑫,2019;曹国军等,2021)。基于人地关系,学者们制定了人地独立、人地依存、人地分离的差异化空间布局优化策略,构建土地利用多元主体"利益制衡"机制来加强内生应对作用和外力制衡,探索人地关系的良性转型路径(贾亚鑫,2019;王竹等,2020;王晓,2020)。

近年来,"人地共生"理论研究随着乡村转型逐步升温。为缓和生产空间的人地矛盾,建筑与规划学者们通过建构"人地互动"规划机制来协调土地利用转型与农业经营主体的多元化诉求,并提出"人地共生"景观单元概念来引导生产组织方式和生产规模的适宜性规划(万群,2016;王竹等,2020)。根据有关文献,我国现今的人地共生研究主要源于西方"人地共生"(human-earth symbiosis)理论。"人地共生"空间格局是指依据单元系统内的整体、要素与能量组成,根据内生驱动、人地协同共生,形成人文格局、社会网络、感知与审美三个维度的空间布局,有关人地互动的内生动力机制被学界广泛关注(Antrop,2000;Conrad,2012;王竹等,2020)。

1.2.5 研究述评

基于以上分析,我国乡村迎来了建设和美乡村的新时期,乡村产业转型也迎来全新的机遇。其中,土地利用转型与"人地关系"等研究为深入剖析乡村产业转型与空间重构时空演变提供了全新的理论框架,为产业转型视角下建构和美乡村营建策略奠定了良好的理论和实践基础。然而,关于乡村产业转型发展、土地利用转型与村民利益分配三者间影响机理的深入研究较少,难以满足新时期和美乡村营建系统性需求。因此,在建设宜居宜业和美乡村背景下,针对乡村产业机制转型与乡村空间载体的现状与发展需求,研究产业转型与空间重构的特征与演变规律,总结浙江省"和美乡村"在地化策略与实施路径,是乡村人居环境研究的重要任务。

1.3 研究的缘起、目的与意义、创新点

当前,和美乡村建设正在中国大地上轰轰烈烈地进行着。基于时代大潮下城郊乡村的角色意义与乡村产业转型及空间重构的政策背景,综合近几年的工作实践与平时的理论积累,笔者逐渐认识到城郊乡村的规划设计并非把乡村房子建设得漂亮,把乡村景观打造得优美这么简单。而是应该从"三生融合"①出发,多维度地面对问题。由此笔者提出了"和美乡村在地化:浙江城郊乡村产业转型与空间重构的特征与演变"的课题研究,并以浙江城郊乡村为本研究的主要案例来源。

1.3.1 研究的缘起

本研究选题缘于笔者在乡村规划工作中对美丽乡村建设和乡村产业转型两方面的思考。

1)对目前城郊乡村规划建设误区的思辨

2015年杭州市西湖区启动城郊乡村的美丽乡村整治工作,笔者参加了杭州城华联村的设计工作。多次现场调研发现村民在村庄里到处非法占用村庄建设用地建房子并出租给外地打工者,非法占用农业用地把堆场出租给企业,村庄的环境和生态受到了很大的破坏。

美丽乡村规划设计要求拆除违章民房,复耕违章堆场。但是这些违章建筑和场地的租金收入是村民最主要的收入。在调研过程中工作人员经常征询村民的意见,发现村民最关心的问题并不是人居或生态环境的问题,而是违章建筑和场地拆除后,他们断了主要收入来源该怎么办。

---

① 指生产、生活、生态融合。

在五年前"新乡村建设"工作中,华联村已经全面整治过一轮了,当时上级政府也投入了很多建设经费,"新乡村建设"的规划、设计和建设工作都完成得很好,整治完成后的村庄面貌焕然一新。可是五年后再看,发现村庄的人居环境和生态环境已经恢复"脏乱差"的原样了,政府的投入和努力基本付诸东流。

面对村民们质朴而无助的目光,笔者深刻地领悟到了美丽乡村建设的问题绝不是单纯的规划或空间的问题,而首先是乡村经济和社会的问题。美丽乡村的规划和空间设计如果不能和乡村产业转型深度结合,不能改善村民的经济处境,那么乡村的社会问题最终也不会有任何改善,结果只能是"粉饰太平"。

2)"特色小镇"产城融合的启示

浙江省是特色小镇理论的先行区和试点区。浙江省政府于2015年4月出台了《浙江省人民政府关于加快特色小镇建设的指导意见》,正式确立了以特色小镇作为工作施政新思路。2015年底,习近平总书记批示号召全国学习浙江建设特色小镇的经验,使浙江特色小镇正式成为全国热点话题。

特色小镇是浙江特色产业、新型城市化碰撞结合的"产城融合"新模式,是破解浙江城乡二元结构,改善人居环境的重要手段,是"产、城、人、文"四位一体的新型空间。"浙江之所以在城乡接合部建'小而精'的特色小镇,就是要在有限的空间里充分融合特色小镇的产业功能、旅游功能、文化功能、社区功能,在构筑产业生态圈的同时,形成令人向往的优美风景、宜居环境和创业氛围"[①]。

城郊乡村村域的面积适度,其中天然拥有大比例的产业(农业)用地。而我国的农业及基于农业的二、三产业基础较为薄弱,发展空间巨大。对于城郊乡村而言,特色小镇"产城融合"的思路及多规融合的综合性规划方法非常值得借鉴。

3)概念辨析:城郊乡村、产业、空间

① 城郊乡村

城郊乡村是一个特殊区域,它位于城市与乡村的过渡地带,距离城市较近,处于城市扩张的正前沿,是受到城市郊区化与乡村自身城市化的双重作用影响的地区(张红培,2013)。城郊乡村大多分布在城市边缘,不同于城郊或隶属于城市的城乡接合部,城郊或隶属于城市的城乡接合部的土地性质是城市建设用地,而城郊乡村的用地性质是农业用地与乡村建设用地。城郊乡村与城市相邻,在地理位置、资源共享、交通条件等方面优势突出。城郊乡村在本质上依然属于乡村,仍然存在"三农"问题,并存有城市边缘化的各种尴尬。如资金供给不足、体制机制的制约、科技力量不足等,都会成为城郊乡村发展的不利因素。

城郊乡村是一个相对模糊、难以界定的概念。本书按照城市影响程度的强弱,将乡村依

---

① http://cpc.people.com.cn/n1/2016/0104/c162854-28010139.html.

次分为近郊乡村、远郊乡村与未受城市影响的乡村(图 1.7)。

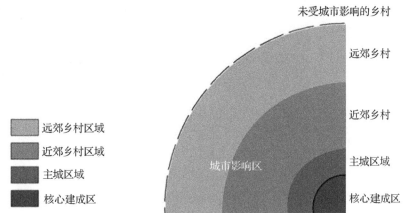

图 1.7 城郊乡村受城市影响区域分类

(资料来源:作者自绘)

城郊乡村由近郊乡村与远郊乡村组成。近郊乡村与城市直接衔接,地理位置优势明显,在空间形态上与城市接近,村庄内部结构通常较为混乱,建筑密度高,违章搭建现象严重,道路可达性差,一般处于城市的边缘区(图 1.8),卫星图可见严重的违章搭建现象,而从图 1.8 中下三幅图可见城郊乡村与城市空间肌理的相似。远郊乡村距离主城区较远,部分远郊乡村归属于邻近的县级行政区,但仍处在城市的影响区内。与近郊乡村相比,其与城市的距离较远,乡村空间肌理与自然环境融合,乡村的生态自然风貌有较大优势(图 1.9)。

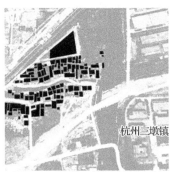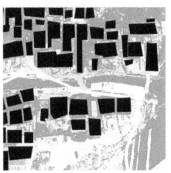

图 1.8 杭州三墩镇近郊乡村

(资料来源:作者在卫星图基础上自绘)

图 1.9 城市远郊乡村的空间肌理

(资料来源:课题组)

城郊乡村在城乡一体化过程中与城市的关系密不可分,并随之产生三种动态形式的特征:吸附、推移与演变。

吸附:一个城市的聚集过程中,会对邻近的乡村产生强烈的吸附作用。推移:随着城市化进程,城郊乡村和城市的距离发生由远至近的变化。演变:乡村性质与功能随城市化进程发生演变。其主要发展方向有两种:一是未来发展成为城市的一部分,二是发展成新型乡村的一部分。

本研究的城郊乡村界定为处于长三角城市群中的浙江城郊乡村。长三角城市群已进入城市化发展的后期阶段,整体城市化率超过70%。其中上海、杭州、南京等大城市并未出现中心区衰败及逆城市化现象。研究对象的界定具有典型性意义。

② 产业

乡村的用地由农业用地和村庄建设用地组成。按照农地农用的原则,农业用地上进行的产业只能是第一产业,在农用地上建设的农业设施也应该为第一产业服务。由于单纯农业的投入产出比低,不利于激活乡村要素资源。为了推进农业产业链和价值链建设,建立多形式利益联结机制,拓宽农民增收渠道、农业多种功能,当前农业政策鼓励发展观光农业、体验农业、创意农业等新业态。

城郊乡村的劳动力流动性强,都市现代农业应该积极推动"土地经营权有序流转,通过代耕代种、联耕联种、土地托管、股份合作等方式"[①],推动农业适度规模经营。提高农业生产效率,解放乡村剩余劳动力,引导劳动力投入具有更高附加值的二、三产业中去。

村庄建设用地承载的产业以二、三产业为主。因其与第一产业的密切关系,村庄应该积极发展农产品加工业和农业生产性服务业。依托都市现代农业的发展,积极寻求农业与旅游休闲、教育文化、健康养生等深度融合。此外,乡村一、二、三产业的融合发展应该结合特色产业资源,鼓励和支持工商资本投资(Chen 等,2020;Zhong 等,2023)。

---

① 摘自《中华人民共和国国民经济和社会发展第十三个五年规划纲要》。

国际学者们普遍认为,农业是发展中国家农民收入的主要来源,农业效益对于乡村资源配置和乡村经济转型发展产生深刻影响(Rozelle and Boisvert,1995)。产业融合(industry convergence)是指公司或行业部门的融合(Sick等,2019),对提高农业效益有重要作用。融合的过程被定义为四个阶段。每个阶段的指标分别是科学出版物、专利、混合产品发布和合作(Sick等,2019)。融合的类型有替代(A+B=C)和互补(A+B=A+B+C)两种模式(Sick等,2019)。互补模式可让二、三产业附着在第一产业上,使农产品产前、产中、产后整个过程都产生经济效益和社会效益,提高农产品附加值,增加农民收入(Zhong等,2023)。

三产融合是近几年我国乡村发展的研究热点。三产融合首先需要产业转型。产业转型是一个综合性的过程,包括了产业的业态布局、产品质量提升、供需关系及可持续发展等多方面的转型。在微观层面,产业转型指一个行业内,资源利用在产业间的再配置,也就是将资源、资本、劳动力等生产要素,从低端、粗放、零散产业向新兴产业转移的过程。

在融合路径方面,2019年6月发布的《国务院关于促进乡村产业振兴的指导意见》中指出,促进产业融合发展,增强乡村产业聚合力。近年来,我国各地着力培育规模农业、特色农业、专用农业的"融合点",产业链、价值链延伸拓展的"融合线",产业园区和产业聚集区的"融合面",各类大中小产业化联合体的"融合体",推进乡村一、二、三产业高位嫁接、交叉重组、深度融合,将以农业乡村资源为依托的二、三产业尽量留在乡村,将就业岗位和产业链增值收益尽量留给农民。

当前,中国乡村的产业融合发展取得一定成效。根据《国务院关于促进乡村产业振兴的指导意见》要求,为加快发展以二三产业为重点的乡村产业,农业农村部印发了《全国乡村产业发展规划(2020—2025年)》,进一步明晰了乡村产业融合发展的目标。而后,农业农村部在"对十三届全国人大三次会议第7936号建议的答复"(2020年9)中指出:"实施新型农业经营主体培育工程,开展农业产业化龙头企业认定,加快培育龙头企业带动、合作社和家庭农场跟进、广大小农户参与的农业产业化联合体"。同时,该《答复》总结了全国已有农业产业化龙头企业8.7万家,其中国家重点龙头企业1 542家,全国注册登记农民合作社220万家,家庭农场87万家。上述成效为乡村产业融合主体的发展指明了方向。

然而,土地性质是阻碍我国农业综合体三产融合发展的主要因素。随着一、二、三产业规模、类别、布局的变化,项目的用地功能、指标、区位发生演变。其中,村集体建设用地指标短缺的问题尤为严重(Chen等,2020)。

③ 空间

本书研究的乡村空间包含在村庄规划用地上的"村庄"空间与"田野"空间。村庄建设用地与非建设用地上的空间形态通常是复杂的,往往不能用生产空间、生活空间与公共空间中的某一种性质的空间去界定。

农业用地又称农用地,指直接或间接为农业生产所利用的土地,包括耕地、园地、林地、牧草地、养捕水面、农田水利设施用地(如水库、闸坝、堤埝、排灌沟渠等),以及田间道路和其他一切农业生产性建筑物占用的土地等。随着我国城镇化进程的推进,农业用地的比例正在逐渐降低。合理利用与发展农业用地,要求达到社会、经济、生态等方面的统一与可持续发展。农业用地由农用土地与设施农用地构成。由农业用地的概念可知,农用土地包含耕地、园地、林地、牧草地、养捕水面等。本文结合《土地利用现状分类》(GB/T 21010—2017),将乡村"空间"进行界定(表1.4),可在下文对每种土地类型进行详细解释(表1.4)。

表 1.4 乡村空间的界定

空间分类	定义	用地分类	空间类型
"田野"空间	农业用地上的空间	农用土地	生产空间
		设施农用地	
"村庄"空间	建设用地上的空间	村庄建设用地	生产、生活、公共空间
		非村庄建设用地	

(资料来源:作者自绘)

设施农用地指"直接用于经营性养殖的畜禽舍、工厂化作物栽培或水产养殖的生产设施用地及其相应附属设施用地,乡村宅基地以外的晾晒场等农业设施用地。根据设施农用地特点,从有利于规范管理出发,设施农用地分为生产设施用地和附属设施用地"。生产设施用地是指在农业项目区域内,直接用于农产品生产的设施用地。随着城郊乡村农业现代化的快速发展,农业生产方式升级之后城郊乡村农业生产的规模扩大,设施用地上的生产设施和附属设施的用地必须严格控制,避免以发展设施农业为理由,非法占用农业用地。

表 1.5 中的建设用地划分参照《村庄规划用地分类指南》(2014 版)中村庄建设用地与非村庄建设用地。村庄建设用地包括村民住宅用地,村庄公共服务空间、村庄产业用地、村庄基础设施用地、村庄其他建设用地。非村庄建设用地含对外交通道路与国有建设用地。

近年来,随着我国乡村土地承包经营权流转进程的加快,政府在保护农业用地的基础上出台了城乡建设用地增减挂钩政策。"城乡建设用地增减挂钩"是指依据土地利用总体规划,将若干拟整理复垦为耕地的乡村建设用地地块(即拆旧地块)和拟用于城镇建设的地块(即建新地块)等面积共同组成建新拆旧项目区(以下简称项目区),通过建新拆旧和土地整理复垦等措施,在保证项目区内各类土地面积平衡的基础上,最终实现建设用地总量不增加,耕地面积不减少,质量不降低,城乡用地布局更合理的目标。目前乡村建设用地碎片化情况比较普遍,城乡建设用地增减挂钩有利于对乡村土地进行统一规划整理,使土地利用更加集约高效。

从规划学的角度,乡村的空间形态与城市有根本性的不同,其原因是乡村有一类城市所没有的土地类型,即农业用地。农业用地是生产用地,在乡村用地构成中占主体地位。乡村的建设用地规模相对较小,农民在建设用地上建设村庄、道路和公共设施。农业用地与建设用地对应的空间可概念性地简化为"田野"与"村庄"(图1.10)。农民在田野里耕作,在村庄里居住和交往。

本研究的空间界定为:农业用地上形成的"田野"空间是生产空间,容纳的产业以第一产业为主;建设用地上形成的"村庄"空间与城市空间比较类同,是生产、生活和交往的复合空间,容纳的产业以二、三产业为主,同时容纳村民的生活和社交。

图 1.10　乡村农业用地与建设用地的示意图

[资料来源:课题组(左),作者在底图基础上自绘(右)]

土地问题是农业综合体三产融合发展的最大障碍,尤其是乡村集体建设用地指标受限。建设用地是二产(加工、物流)等农业配套的必要条件。而指标受限的根源是中国乡村土地集体所有的国情。现行法律法规不允许集体建设用地直接进入市场,这不利于农民分享工业化、城镇化进程中的土地增值收益。因此,从 2015 年起,中央政府在全国范围内开展试点(如浙江德清和义乌、广东南海、四川泸县等),乡村集体建设用地的经营权(使用权)可以流转给企业。经营权(使用权)是我国乡村土地"三权"的一种。我国乡村土地"三权"分置思想是指在坚持乡村土地集体所有的前提下,促使承包权和经营权分离,形成所有权、承包权、经营权"三权"分置,经营权流转的格局。也就是说,乡村(基本农田用地、绿体建设园地、宅基地用地),承包权归农民,使用权、经营权可以流转给非农户。所以,农业综合体的集体建设用地,不能用作商品房买卖等商业开发,投资回报率低。

改革开放以来,我国进行了大量土地制度的突破与创新。自上而下的改进和地方自下而上的探索一直在进行。如中央层面提出的国土空间多规合一、全域土地综合整治行动等,盘活了乡村土地资源,为乡村产业发展提供制度保障。在乡村集体建设用地入市制度改革方面,从 2015 年起,我国开展了乡村集体经营性建设用地试点,明确规定了入市的地类和途径。在 2019 年 8 月 26 日,十三届全国人大常委会第十二次会议正式通过《中华人民共和国土地管理法》修正案,乡村集体土地在未来可直接入市。目前,各地方政府未制定细则。

1.3.2　研究的目的与意义

1) 研究目的

在宜居宜业和美乡村建设目标下,城郊乡村依托城乡融合发展中的地理优势,成为产业转型与空间重构的新阵地。当下的乡村建设必须首先应对产业转型问题,再进行空间形态的规划,从而避免宜居宜业和美乡村建设后乡村的再次空心化与二次衰败。同时,为应对乡村产业机制转型对乡村空间载体提出的新要求,本书针对乡村空间形态与格局的演变开展研究,结合定性与定量研究方法,试图验证提升农村经济的核心问题是产业结构的规划与调整。

2）研究意义

本书在2024年中央一号文件发布之际,在中共中央、国务院关于学习运用"千村示范、万村整治"工程(简称"千万工程")经验有力有效推进乡村全面振兴的精神号召下,针对乡村产业机制转型与乡村空间载体的发展需求,以浙江省城郊乡村为研究对象,基于管理学、建筑学等多学科视角,研究产业转型与空间重构的特征与演变规律,构建浙江城郊乡村产业与空间一体化模式,基于典型案例进行多元实证分析,凝练浙江省城郊乡村产业转型与空间重构的特征与演变路径,总结浙江省和美乡村在地化策略与实施路径,为我国其他地区以"千万工程"经验有力有效推进乡村全面振兴提供经验参考和政策启示。总结浙江省和美乡村在地化策略与实施路径,为我国乡村地区产业转型与空间重构提供经验参考和政策启示,旨在促进乡村人居环境品质建设。

1.3.3 研究的创新点

本研究突破了传统上仅对乡村产业转型、空间重构等进行研究的局限,建构产业与空间一体化模式,以助推宜居宜业和美乡村在地化,属于社会学理论、管理学理论、城乡规划学理论的交叉研究,丰富了乡村人居环境建设理论体系。本研究在学术思想、学术观点、研究方法等方面的特色和创新如下：

1）学术思想

深化党的二十大报告中"建设宜居宜业和美乡村"的思想。充实"乡村人居环境建设"相关理论,并归纳其协调发展的规律,甄别产业转型与空间重构时空演化过程中影响和美乡村建设的关键因素,对于发挥规划引领乡村振兴的作用意义重大。

2）学术观点

着眼于厘清浙江城郊乡村产业转型与空间重构的特征与演变,提出和美乡村在地化策略。在全面推进乡村振兴新时期,实现村民参与协同规划保障机制的创新,相比以往研究,观点更具体、深入。

3）研究方法

理论分析与实证检验相辅相成,相互印证。在评估乡村产业融合、土地利用转型与可持续性三者之间影响机理时候,本研究采用"模型建构＋空间地理展示",甄选具有代表性、对宜居宜业的和美乡村建设具有决定性作用的指标,并能够进行定量计算,结合地理信息系统

(GIS)使用空间经济计量模型,使研究结果更具有说服力。

1.4　本章小结

"自上而下"政府治理模式是乡村规划方式之一,和美乡村在地化的核心是解决好"三农"问题。浙江城郊乡村的产业机制转型主要依靠政府制定的兼具权威性与高效性的政策。高效性政策。这种"自上而下"的治理模式是促进产业与空间一体化发展的有效保障。同时,在有法可依、有规可循的前提下,鼓励民间"自发式"的创业热情,大力扶持基层组织的科学"村治"尤为重要。

第 2 章 和美乡村在地化策略:产业与空间一体化模式

产业与空间一体化包含两层含义:产业转型与空间重构。和美乡村在地化目标下的乡村产业与空间一体化模式,也是产业转型引导下的乡村空间重构模式。当前乡村经济的核心问题是产业转型,乡村建设应该将产业结构调整的经济问题和空间形态规划同步考虑,建构宜居宜业和美乡村在地化策略。

产业转型对乡村空间载体提出新的空间组织要求。在产业转型的策略指引下,乡村产业格局的演变和发展需要新的生产空间、生活空间及公共空间与之对应。在产业转型与空间重构共同作用下的乡村空间是有经济活力、宜居宜业的和美乡村空间,拥有宜居的生态环境和公共服务配套、宜业的产业体系与业态,能为多类型劳动者提供自主就业、受雇就业、合作就业等多种就业与创业的机会,并实现持续增收和共富发展。

尤其是浙江城郊乡村与其他乡村相比,具有发达地区产业转型与空间重构的优势条件,建构产业与空间一体化模式的过程也是产业转型引发空间重构的过程。

2.1 城郊乡村产业转型的内涵

产业转型指"不断加快转变农业发展方式,加快制造业内部的战略性结构调整,在'互联网+'框架下将现代服务业作为'三产'发展重点。乡村产业转型的目标是乡村经济的可持续发展,因此,要推动产业融合成长,完善产业创新体系,聚焦产业链条衔接,促进产业集聚发展,构建产业服务体系,完善产业政策环境"(王兆宇,2016)。产业重构研究以政策为导向,以乡村农业生产方式转型为契机,从乡村产业普适性的研究方向探索、论述针对城郊乡村的具体策略,驱动生产力要素导入乡村空间,从而激活乡村经济活力。

城郊乡村产业转型在城镇化进程高速发展的背景下,在周边城市的影响下使乡村产业环境发生了巨变。人居环境的适宜性逐步下降,加上新常态下城郊乡村产业转型升级要求,产业结构转型升级顺势而为,不仅顺应了国家乡村产业结构调整政策,对于当下乡村经济发展建设也具有现实意义。

我国乡村长期处于以血缘家庭为基本生产单位的小农经营状态,产业往往以乡镇企业或集体经济合作组织为代表进行。落后的产业形态缺乏规模效益,往往无力应对市场风险。以农户为基本生产单位的组织,更是无法完成产业转型升级的时代任务。产业重构要求对区域现有的产业结构进行调整,包括简化、优化、改造、重构和创构。乡村产业重构是一项需要举国上下共同关注、共同奋斗的事业,是实现乡村经济可持续发展的重要途径,需要各行各业的长期协同努力。

2.1.1 乡村产业转型的机遇与挑战

"十三五"时期是我国产业结构从中低端大步迈入中高端的重要阶段,是现代服务业、高新技术产业、战略性新兴产业发挥重大作用的关键时期(王兆宇,2016)。以产业结构升级为导向的乡村建设,在城镇化发展中面临着机遇与挑战。

乡村产业结构发展的机遇来自中央对乡村建设和乡村经济发展的重视,"在《中国制造2025》、'互联网+'等国家战略框架下,众多新技术、新产品、新工艺不断涌现,个性化、定制化、多样化的消费"(王兆宇,2016)成为市场主流,"十三五"时期我国产业重构面临新态势与新思路。

1) 乡村经济的可持续目标

"农业强国是社会主义现代化强国的根基。"党的二十大报告提出全面推进乡村振兴,并强调"加快建设农业强国,扎实推动乡村产业、人才、文化、生态、组织振兴"。从报告中看出,全面推进乡村振兴、加快建设农业强国,是党中央着眼全面建成社会主义现代化强国作出的战略部署。

产业结构的合理性是经济可持续发展的重要影响因素。产业发展过程和各产业间的相互影响是一个动态演变的过程,所以产业结构的优化过程必须是可持续发展的。同时,产业转型有助于聚集乡村经济可持续发展所需要的土地、技术和劳动力等生产力要素,有利于优化土地资源配置、吸引投资和提高劳动生产率,将乡村劳动力从第一产业中解放出来,到二、三产业就业,推动了产业融合发展。

2) 实现"产业+"的升级

产业跨界或新型信息技术产业的"产业+"概念是指随着一、二、三产业的融合发展与产业结构优化,在传统产业上加入新产业的规划理念,实现产业的跨界。以旅游产业为例,产业机遇为全域旅游的理念和"旅游+"的产业升级。

同时,乡村产业结构发展也面临着巨大的挑战:是否真正达到共同富裕,激活乡村经济;是否能在发展经济的同时维护生态安全格局。暂时谁也无法明确回答这两大问题,探索之路仍在继续。

3) 生态保护的要求

生态保护是产业发展的前提。随着乡村产业结构的调整,乡村工业化与服务业发展往往会带来生态环境问题。乡村的生态资源面积与丰富度决定了其在国家生态系统维护中的重要地位。《国家级自然保护区规范化建设和管理导则》(试行)的限制性条款中提出采取"区内游、区外住"的旅游方式。旅游人数不得超过规划的旅游容量,也不得在区内建设索道、宾馆和餐饮等空间设施。在引导性条款中可看到:"自然保护区各项建设应同当地的自然景观和谐一致,并体现地方风格和民族特色,尽量采用太阳能、风能、沼气等清洁能源;保护区开展旅游活动应当吸引当地社区居民参与,实现保护区与社区的惠益共享。"可见生态环境是产业与空间规划的底线,也是检验其合理性的标准之一。

2.1.2 乡村产业转型的基本方向

目前,我国城郊乡村产业结构与国民经济发展要求不相适应,存在的问题突出:

首先是农业的基础设施薄弱。农业生产工业化落后,对自然条件的依赖性较大,加上城镇化导致乡村耕地面积逐年减少,劳动力流失,使得农业与乡村问题尤为突出。

其次是二、三产业发展不平衡。城郊乡村经济作为城市经济的补充,其二、三产业也受到城市发展的影响,在工业与制造业飞速发展的同时,产生乡镇企业与城市工业发展不平衡现象,原料、市场、资金分配不均衡,导致社会资源浪费、产业设置重复、产能过剩等现象。新兴产业发展滞后,缺乏竞争力。

最后是产业结构的科技含量有待提高。在城市化进程中,城郊乡村普遍存在资金、劳动力、信息技术缺乏的问题。乡村居民素质制约了劳动效率与经济收入。乡村,特别是城郊乡村的产业结构优化,对我国经济全面发展的影响很大。

产业结构优化指为了提高一个国家或地区产业经济的发展水平,采取多项措施使得各项产业之间能够实现协调发展。从实质上看,产业结构的优化最终结果是在各产业之间实现资源的优化配置和高效利用,从而拉动国民经济整体提高(梁媛媛,2015)。

乡村产业重构要求在对产业格局简化、优化、改造、重构和创构的过程中实现产业结构优化的目标,需要做到产业结构升级、产业规模合理化与产业链改良。

1) 产业结构升级

产业结构升级指加快传统产业升级,强化核心优质资源和发展引进战略性新兴产业。需要提升产业的技术层次,提高产业的关联度,实现区域内一、二、三产业的融合发展。产业结构升级本质是因地制宜的可持续发展,可重点关注以下几个方面:

一是传统产业升级。例如福建红星、太平等地,盛产青梅,具有地理位置、气候、土壤和种植传统等优势,是青梅的主要产地之一。长期以来,由于加工业的落后,种植户只能一直卖青梅鲜果或简单盐渍初加工后销售。自从引进日本技术,将青梅制成青梅精,青梅储藏问题得以解决,福建青梅制品走进了千家万户,实现了传统优势产业升级。

二是强化核心资源优势。例如杭州的龙坞镇,位于西湖龙井茶主要产区,正宗的西湖龙井茶产区面积非常小,约为 168 km^2(浙江在线,2005),此范围之外的龙井茶称为"钱塘龙井"或"浙江龙井"。西湖龙井茶是中国十大名茶之一,是龙坞镇的核心优势资源。龙坞镇在美丽乡村整治过程中,以龙井茶文化为核心,不仅全面提升了景区环境,而且设计了独特的视觉传达系统、城市家具系统和互联网旅游应用系统等。借助龙坞镇是杭州 G20 分会场的契机,大力宣传龙井茶文化与旅游,龙坞镇获得了全球性的旅游关注,大大地推进了传统优势产业和二、三产业的融合,强化了核心资源优势。

中国地大物博,全国各地拥有核心优势资源的地区很多。核心优势资源内涵丰富,如自然资源(高原湿地、珍稀鸟禽、竹林花海)、人文资源(民俗文化、民族风情、地方特产、现代节庆)、气候资源(避暑胜地、阳光之城、雾海迷城、四季景异)等。只要措施得当,都有办法使特色得到强化,促进当地产业转型升级。

三是引进战略性新兴产业。没有传统优势、没有核心资源的地区,也有可能通过引进战略性新兴产业获得发展。比如沙漠地区可以引进太阳能光伏发电站,而很多城市近郊地区可以成为互联网商业的物流集散地等。

2)产业规模合理化

产业规模合理化指控制各产业数量的增长与比例的协调,使社会资源在各产业之间与产业内部进行资源的优化配置,合理利用有限资源,实现产业在规模合理化前提下的增长。

产业结构分协调型结构与失衡型结构(梁媛媛,2015)。协调型结构又称为均衡型结构,是利于某一地区的经济协调发展的产业结构,各个产业之间的数量比例合理,且尚未出现产品过剩或短缺的状况,以此达到投入与产出的均衡。失衡型结构即畸形结构,在一个地区内,其具有的各类产业数量比例失衡,某些产品甚至还会有严重的过量或短缺的情况(梁媛媛,2015),投入与产出之间也不协调,不利于一个地区的经济实现进一步发展。所以,各产业规模与比例关系直接影响产业的可持续发展。

3)产业链改良

产业链改良指增加产业链的科技含量,增加生产效率与产量,实现从高能耗产业链向低能耗产业链的转变,同时,创造延伸产业,开发新的产品与市场,从而吸引资金投入与增加乡村就业机会(Zhong 等,2023)。

产业链的升级考虑的尺度涉及村庄、村域、村镇,甚至城乡,对区域经济和区域生态安全格局有直接影响。

2.1.3　城郊乡村产业转型策略

以浙江城郊乡村为研究对象,基于浙江城郊乡村的地理条件、经济状况和政策背景,围绕中央农业产业政策所指明的方向,通过研究城郊乡村产业转型的基本方向,提出城郊乡村产业转型的若干策略,分别是发展规模农业、发展智慧农业、发展特色农业、农产品品牌化和乡村旅游升级,以及这些产业板块的融合发展。

1)发展规模农业

规模农业是个相对性的概念,一般指一种农业经营形式,其经营规模由耕地资源条件、农业技术条件、机械装备条件、社会经济条件和政治历史条件的状况来确定(李俊英,2009)。

随着工业化、城镇化进程加快发展,乡村剩余劳动力加速流动及乡村土地承包政策的逐步完善,为适度扩大农业经营规模、有效提高劳动生产率创造条件。《中华人民共和国国民经济和社会发展第十三个五年规划纲要》指出:"稳定农村土地承包关系,完善土地所有权、承包权、经营权分置办法,依法推进土地经营权有序流转,通过代耕代种、联耕联种、土地托管、股份合作等方式,推动实现多种形式的农业适度规模经营。"(李俊英,2019)

城市近郊乡村与城市关系密切,城郊乡村的农业用地不仅可以作为规模农业的生产用地,同时也可以成为新型农业的示范窗口,更容易获得新型农业经营主体的青睐。城郊乡村容易引入在城市里居住的农业科技人才,城郊农民也更易理解城市文化和现代农业企业文化,加上交通、信息、金融各方面的优势,适度的规模农业在城郊乡村具备更为成熟的条件。如杭州城郊双浦镇西侧沿山区域的乡村规划项目,为提高区域规模农业的经济效益,将双灵、灵山、湖埠、铜鉴湖、周富及下杨六个村庄,共 24 km² 区域统一进行美丽乡村规划,同时进行农业产业规划(图2.1),为发展规模农业创造了整体的空间条件。

图 2.1 杭州双浦镇沿山区域的规划范围

(资料来源:作者在卫星图基础上自绘)

规模农业有劳动力、土地、资本与管理等四大要素(图2.2)。"在规模农业的推动下传统农户分散经营的农业形式开始走向组织化、专业化、集约化、社会化相结合的新经营体系"(李俊英,2009),规模农业是我国乡村农业现代化发展的必经之路,它使农业生产在经济效益和社会效益两方面获得提升。

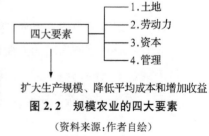

图 2.2 规模农业的四大要素

(资料来源:作者自绘)

规模农业能够有效提高农业劳动生产率,提高单位面积上的土地产出率与农产品商品率。因此通过适度增大生产规模并减少单位产品的平均成本,能够提升单位产品的效益。规模农业可以有效提高农民及农业从业者的收入。个体农户的土地经营规模对总经济效率、技术效率是有影响的。"适度"指各地因不同的自然禀赋条件,推进具有比较优势要素的集约化或专业化生产(刘凤芹等,2011)。

规模农业扶持了新型农业经营主体例如家庭农场、种养大户、农民合作社与农业龙头企业等的成长,体现了其社会效益的广泛性。除此之外,规模农业还帮助培养了新型职业农民,组建了现代农业经营者的高素质队伍,鼓励了工商资本投资现代农业,促进新型经营模式如农商联盟等的发展,还支持规范管理农产品的质量问题,从而推动粮食绿色高产高效创建。

2) 发展智慧农业

智慧农业是农业中的智慧经济,或智慧经济形态在农业中的具体表现。智慧农业通过生产领域的智能化、经营领域的差异性以及服务领域的全方位信息服务,推动农业产业链改造升级,实现农业精细化、高效化与绿色化,保障农产品安全、农业竞争力提升和农业可持续发展。当前,智慧农业是我国农业现代化发展的必然趋势(Jiang等,2024)。

我国是农业大国,而非农业强国。智慧农业在我国还处在起步阶段。在城郊乡村产业重构的过程中,有条件的乡村应配合规模农业和特色农业的建设,尽早布局智慧农业。智慧农业应用范围广泛,且随着信息技术的发展不断扩大。城郊乡村的智慧农业布局,首先从提升农业技术装备水平和推进农业信息化建设两个方面入手(Wang等,2023)。

一是,提升农业技术装备水平。城郊乡村应充分运用城市农业科研机构的力量,发挥城市人才集聚优势,积极推广区域性、标准化、高产高效的栽培模式和优质高产、适宜机械化的品种。大力提升农业技术装备水平,推进全程机械化的方式生产主要作物,增进农机农艺的融合,使得基层农业技术的推广网络得以激活并健全。图2.3是互联网技术在传统农业生产中的运用形式,通过移动平台或电脑平台对大棚内的温度、湿度、光照等条件进行智能控制(Wang等,2023)。

二是,推进农业信息化建设。农业部在《"十三五"全国农业农村信息化发展规划》中制定了"十三五"农业乡村信息化发展主要指标。从表2.1中的数据分析可知,我国农业信息化建设还处于概念导入期和产业链逐步形成阶段。

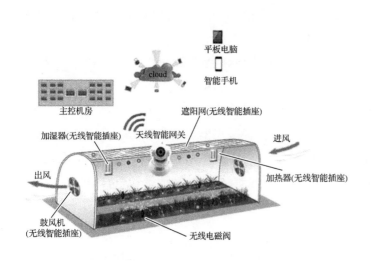

图 2.3 智慧农业

（资料来源：百度图片）

表 2.1 "十三五"农业乡村信息化发展主要指标

指标	2015年/%	2020年/%	年均增速/%	属性
农业物联网等信息技术应用比例	10.20	17	10.8	预期性
农产品网上零售额占农业总产值比重	1.47	8	40.3	预期性
信息进村入户村级信息服务站覆盖率	1.35	80	126.2	预期性
农村互联网普及率	32.30	>51.6	>9.8	预期性

（资料来源：《"十三五"全国农业农村信息化发展规划》）

城郊乡村产业重构的过程，正是推进农业信息化的过程。在实施农业规模化、集约化建设的过程中，农业生产管理与信息技术、市场流通、经营管理、资源环境等方面被不断推进融合。同时，农业物联网区域试验工程、农业物联网应用、农业智能化和精准化都在持续提升与升级。该过程还提升了农业综合信息服务能力，推进了农业大数据的应用。鼓励并建立起互联网企业产销衔接的农业服务平台，以此更好地发展涉农电子商务（Wang 等, 2023; Jiang 等, 2024）。

智慧农业具有一次性投入大、受益面广和公益性强等特点，需要政府支持、企业参与，在城市近郊乡村实施一批有重大影响的智慧农业应用示范工程和建设一批国家级智慧农业示范基地。同时与传统农业相比，智慧农业对人才有更高的要求，因此要将职业农民培育纳入国家教育培训发展规划，形成职业农民教育培训体系。

3）发展特色农业

特色农业是依据区域内整体资源优势及特点，突出地域特色，围绕市场需求，坚持以科技为先导,坚持产业链优化,高效配置各种生产要素,具有某一特定生产对象或生产目的,形成规模适度、特色突出、效益良好和产品具有较强市场竞争力的非均衡农业生产体系。特色农业的发展一是要强化利用特色资源,二是要优化配置产业链(Zhong等,2023)。

首先,强化利用特色资源。"特色资源"指具地区优势的"特有资源",这类产品与服务能够为地区经济的发展带来竞争优势,并体现历史与文化的内涵。特色产业是经历了长期的发展后,区域性产业在技术、品牌、文化、资源、环境等方面积累了独到优势从而形成的具有国际、国内或地区特色并拥有核心竞争力的产业或产业集群(马德勇、张晶,2014)。特色农业是一种在区域内把特有的农业资源转变为商品的现代农业。

近期中央和地方政府皆提倡"特色小镇"。特色小镇的灵感来自西方许多著名的小镇案例,如法国的普罗旺斯小镇、美国的格林威治对冲基金小镇、瑞士的达沃斯小镇。它们具有一定的共性,如产业特色鲜明,文化充满地域韵味,绿色生态。特色小镇应争取达到产业"特而强"。特色正是小镇的核心要素,而产业特色更是重中之重。因此,找准、凸显、深化自身的特色是小镇建设的关键。特色小镇的概念对强化利用特色资源,发展区域特色农业具有积极指导意义。以杭州双浦沿山区域乡村建设为例,特色农业的项目定位与区域周边的景观资源及产业资源相关,规划范围内包含了灵山风景区,北接艺创小镇,东北与云栖小镇接壤(图2.4)。灵山风景区为区域范围带来了传统的旅游客户群;艺创小镇给规划区域带来了特有的艺术需求人群以及艺术创作人群;云栖小镇为规划区域提供智能化技术保障和便捷"互联网+"服务。

图2.4 杭州双浦沿山区域规划特色农业的项目背景

(资料来源:上图来源:作者自绘;下图来源:百度图片)

其次,优化配置产业链。特色农业的发展模式为"产业集群"。产业集群主要有纵向发展与横向发展的两种聚集方式(马德勇、张晶,2014):一是围绕传统或已有的特色产业,聚合上游、中游、下游企业,形成完整的生产链,进行全产业链纵向发展(Zhong 等,2023)。比如海南的天然橡胶产业分为上、中、下游三个组成部分。上游包括天然橡胶生产企业以及天然橡胶种植加工企业;中游主要是大大小小的橡胶贸易企业;下游主要是涉及天然橡胶消费的橡胶制品业及以汽车制造商为代表的终端消费企业。橡胶制品业主要包括轮胎、胶带、胶鞋、医疗器械等。二是横向发展,即同类企业、产品通过聚集、扩张后,形成具有一定规模的生产、销售与管理中心。典型案例如莫干山乡村民宿,承载莫干山生态及历史文化优势,沿袭莫干山乡村避暑度假传统,兼收并蓄中外经营风格,聚集了数以百计各有特色的民宿客栈,最终形成全国性的市场影响力。

通过产业链的优化配置,可以有效降低生产成本,有利于促进特色农业规模发展,提升竞争力。同时相关特色农业的联动发展可增强市场机制,促进企业类型的数量增加与规模扩大。以浙江地区竹产业结构升级为例,在传统竹产业的生产、加工、销售过程中加入三产联动模式(图 2.5),形成新型的现代竹产业,既保留了当地的资源特色,又能带动地区经济发展。

城郊乡村接近城市活跃市场,在强化利用特色资源和优化配置产业链两方面具有信息优势和技术优势。偏远乡村及偏远地区的现代农业企业更应该与具有展示效应的城郊乡村结成合作关系,协同发展特色农业。如杭州双浦沿山区域的产业规划以地块北面的艺创小镇为依托,定位为艺创小镇的艺术农业板块,在产业规划策略中,将视觉、听觉、试听等艺术形式与大地元素结合,是特色农业、规模农业、智慧农业交织发展的产物(图 2.6、图 2.7)。

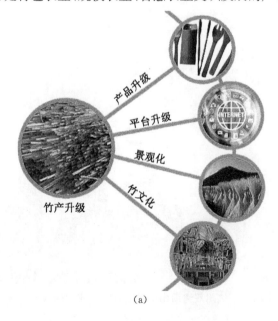

(a)

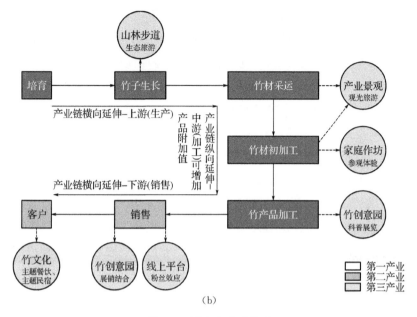

(b)

图 2.5 竹产业升级策略

(资料来源:课题组)

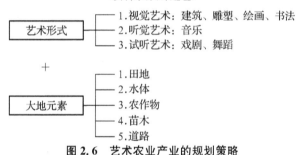

图 2.6 艺术农业产业的规划策略

(资料来源:作者自绘)

图 2.7 杭州双浦沿山区域的产业规划策略

(资料来源:左图:作者自绘;右两图:百度图片)

4) 农产品品牌化

农产品的品牌化代表了传统农业已向现代农业开始转变。作为崭新的经营理念与方式,它不仅在很大程度上提升了我国农产品的品质和市场占有率,并且能使农户直接获得良好效益、促进持久的增收,是我国农业未来发展的大趋势①。

农产品品牌化经营对农业发展有很大的带动作用。农产品品牌化经营通过降低农业企业的成本来实现农业企业利润最大化,通过促进农户增加优质农产品的生产和销售来增加农民收入。

首先,支持工商资本投资。中国是农业大国,早已建立起一大批农产品品牌。如蒙牛牛奶、老干妈辣酱、双汇火腿肠等都是家喻户晓的著名农产品品牌。这些农产品属于规模农业企业化运营范畴,依赖于现代农业企业的精心运营,取得了良好的经济效益与社会效益。还有一类农产品品牌也是家喻户晓,属于有强烈地方特色的地方农业特产,如阳澄湖大闸蟹、赣南脐橙、金华火腿等,这类农产品品牌名气大,生产企业多,品质却不如企业品牌稳定。第三类农产品品牌在民间,大部分是私人手工作坊产品,只有本地人才了解。即使如此,中国农产品品牌化的程度还是远远不够的。城郊乡村产业重构的过程,同时也是由传统农业向现代农业过渡的过程。鼓励和支持工商资本投资现代农业,促进农商联盟等新型经营模式发展,可以有效地加快农产品品牌化的进程。

其次,确保农产品质量安全。实现农产品品牌化的目的,要依靠现代农业企业的规范化建设。"实施农业社会化服务支撑工程,培育壮大经营性服务组织。支持科研机构、行业协会、龙头企业和具有资质的经营性服务组织从事农业公益性服务,支持多种类型的新型农业服务主体开展专业化、规模化服务②。"加快完善农业标准,全面推行农业标准化生产。加强农产品质量安全和农业投入品监管,强化产地安全管理,实行产地准出和市场准入制度,建立全程可追溯、互联共享的农产品质量安全信息平台,健全从农田到餐桌的农产品质量安全全过程监管体系。强化农药和兽药残留超标治理。严格食用农产品添加剂控制标准。开展国家农产品质量安全县创建行动。加强动植物疫病防控能力建设,强化进口农产品质量安全监管。创建优质农产品品牌,支持品牌化营销"②,确保农产品质量安全。

5) 乡村旅游升级

乡村旅游升级包含推进农业、旅游业融合与发展都市休闲农业两个部分。

① 伴随着乡村旅游业的升级,农业与休闲旅游、健康养生、教育文化等方方面面都在逐渐融合,形成升级后的现代旅游业,包含商、养、学、闲、情、奇六要素③,在乡村产业结构中发挥重要作用(表 2.2)。同时,旅游供给侧结构改革的推进,要求旅游从观光旅游向休闲度假转型升级。休闲度假时代的到来,使旅游业跨界成为行业发展新方向。旅游+现代农业+教育文化+健康养生等均可以不同的面貌在乡村土地上实现。"旅游+"和"互联网+"一样,成为各行各业均可融合发展的产业"万金油",处处能用、处处有用。

---

① 来源:http://max.book118.com/html/2016/0706/47499441.shtm。
② 摘自《中华人民共和国国民经济和社会发展第十三个五年规划纲要》。
③ 新旅游"六要素"是指 2015 年全国旅游工作会议基于旅游业发展经验,在原有"吃、住、行、游、购、娱"的基础上,提出的新旅游"六要素"。

表 2.2 旅游产业新旧"六要素的比对"

原旅游"六要素" (旅游基本要素)	新旅游"六要素" (旅游发展要素或拓展要素)
・吃 ・住 ・行 ・游 ・购 ・娱	・商:商务旅游 ・养:养生旅游 ・学:研学旅游 ・闲:休闲旅游 ・情:情感旅游 ・奇:探奇

(资料来源:基于2015年全国旅游工作会议"六要素"概念绘制)

② 发展都市休闲农业包括观光农业、体验农业、创意农业等业态。对农产品加工业与农业生产性服务业采取积极发展的态度,通过都市休闲产业的兴起来激活乡村各要素的资源,增加农民财产性收入,提高农民生活品质。城郊乡村更是邻近城市居民经常光顾的假日休闲场所。相比市区的拥挤嘈杂,城郊乡村的空气水质、生态环境、人群密度和生活节奏都具有优势。特别是各种都市现代农业业态,具有强烈的参与性和互动性,吸引都市人群频繁地参与其中。他们中的一部分甚至成为都市现代农业的个体投资者和建设者。比如当下流行的有机蔬菜自种配送,市区的几户人家承包一块农地,雇佣菜农种植无公害蔬菜,在小圈子内消费。这是一种在城市中不可能实现的参与性体验,是城郊乡村所特有的都市休闲农业。

由此可见,结合城郊乡村与城市的距离优势,的确可以多角度地开展城郊乡村的产业重构,加速城郊乡村旅游升级,加快城郊乡村一、二、三产业的融合发展。

2.2 城郊乡村空间重构的内涵

本书的空间重构是指由产业重构引起的空间形态的改变,包含新的产业承载空间格局与空间形态类型,由农业用地与建设用地上的生产空间、生活空间、公共空间组成。体现产业与空间"适应"与"共生"的交织关系,也是产业结构、社会行为、生态格局共同影响下的空间形态组织方式。

2.2.1 乡村空间重构的机遇与挑战

1) 农业用地的产业化发展

基于现代农业产业特征的农业用地,需要在乡村区域经济的视角下赋予新的产业规划思路与方法,而不仅仅是从景观风貌上去考虑。农业用地是主要的现代化农业发生场所,乡村土地流转、置换带来的空间整合,为现代化农业的发展提供了新的用地空间规模与用地类型。

2) 空间类型的集聚与混合

城乡一体化令城郊乡村的空间愈加集聚。在产业与空间一体化形态格局演变中可见，随着现代化经济的发展与城乡二元结构的逐渐分解，在空间斑块的规模与格局上，城郊乡村的生产景观类型与公共服务性景观类型的变化程度远高于生活景观类型，三者之间的集聚度逐渐增高，在建设用地上呈临水—临道路—临产业格局的集中过程。城郊乡村建筑的高密度"生长"往往催生拥挤的空间与脏乱差的环境。

村庄建设用地总量与规模有限，村庄内部大多是小微产业、非正式经济与低效经济活动，除了不利于人居环境的发展之外，也阻碍了农业的规模化与现代化发展。随着一、二、三产业融合的推进，产业节点、产业链、产业格局的发展趋势都对乡村空间承载力提出了新的要求。

在乡村建设用地方面，产业集聚、人口聚集引发生产空间、生活空间和公共空间高度融合，为乡村空间规划带来了新的挑战，乡村的"三生"系统（自然生态系统、经济生产系统和聚落生活系统）需要在产业与空间一体化的过程中维持平衡发展的格局。

3) 农业结构复杂化下的农地保护

农业结构类型复杂，加大了保护耕地的难度。随着现代化农业的发展，农业产业与新型技术的结合产生了许多新的生产设施。"单纯以地面硬化程度对农用地进行管制已难以奏效，一方面不能有效保护耕地，另一方面也会制约现代农业的进一步发展"（赵之枫、郑一军，2014）。当前，有些地方的做法是将农业生产及辅助设施、水产养殖、畜禽养殖、工厂化作物栽培、农产品存贮销售、休闲农业等都纳入现代农业发展的范畴。多种形式的以发展现代农业之名的"农业"，造成大量耕地变为建设用地，增大了耕地保护的难度（赵庆利，2010）。

农用地管理制度有待进一步规范。农用地管理制度尚缺乏对现代农业发展用地范围、生产设施用地和附属设施用地的规模、比例，以及审核、监管程序的明确规定，导致此类用地难以监管和规范，也给一些地方借发展现代农业之名圈占土地进行其他非农经营带来可乘之机（赵庆利，2010）。

此外，乡村集体经营性建设用地划分不明确。目前的乡村规划无法体现经营性建设用地的规划内容。乡村地区公共设施内容、政府提供的公益性服务内容、由市场提供的经营性服务内容、与现代农业发展相适应的农业生产性服务设施内容等都尚不明确。

2.2.2 乡村空间重构的基本方向

传统的乡村规划设计实践与产业结构是二元状态。乡村规划通常是和政府捆绑在一起的自上而下的行为，在政府下达任务与考核指标后，乡村建设工作者与设计者以任务与考核指标为导向进行规划设计，经过政府审批通过后，乡村建设得以开展。这种乡村建设往往只是使人居环境得到提升,对激发乡村的经济活力作用不大。

其实乡村规划的目的在中央涉农文件中经常被提到,比如《中华人民共和国国民经济和社会发展第十三个五年规划纲要》中提出的"加快发展都市现代农业。激活乡村要素资源,增加农民财产性收入"就是乡村规划的真正目的之一。由此可见,乡村规划应该充分理解乡村产业状况,抓住乡村产业改革的切入点,完成时代赋予的设计目标。

1) 生产空间依据土地性质重组

乡村生产空间的重组与乡村土地利用规划密切相关,可根据产业重构策略的需求,在农业用地和建设用地上分类研究。

首先,在农业用地和建设用地上确定不同的生产空间。生产空间在乡村的"田野"空间和"村庄"空间上形成的空间规模与格局不同。农业用地上的空间特征显著,面积广,密度低,用地功能较单一,地块边界清晰规整。建筑用地上的生产空间则相反,用地紧缺,形成高密度、小规模、多混合的生产空间。生产空间功能由其用地性质决定,因此在空间重构的发展方向上有所区别。在农业用地上只能进行农业生产活动与设施用房的建设。随着农业现代化与土地承包经营流转制度的并行发展,经过农业用地面积的整合,生产经营空间得到规模化发展,生产设施空间也随着乡村产业转型不断升级。在农业生产效率得到提高的同时,必须明确生产设施用地与建设用地的性质,防止建设行为对农业用地的占用与破坏。建设用地由村庄建设用地与非村庄建设用地构成。生产空间主要分布在村庄建设用地上。生产空间建设须使用农业用地,应与城乡建设用地增减挂钩①,以保证乡村建设用地与耕地面积的总量不变、质量不变,使空间用地更加合理。

其次,确定农业用地的多种类型。农业用地上的空间由用地类型决定。耕地包括水田、水浇地与旱地;园地由果园、茶园、橡胶园、其他园地构成;乔木林地、竹林林地、红树林地、森林沼泽、灌木林地、灌丛沼泽、其他林地组成了林地;天然牧草地、人工牧草地与其他草地组成了草地;而水域或及水利设施用地涵盖河流水面、湖泊水面、坑塘水面、沿海滩涂、内陆滩涂等②。在空间规划上,应进行整体风貌的把控。水边的农用地宜利用自然水体,增加水体与用地空间的接触面;林地等山地丘陵宜结合地形营造因山势而造的丘陵风貌,坡度小的可规划成团块状或带状的空间形态,坡度大的则可采用分级台地式带状组合的平面形态。人工环境是对产业景观空间结构的优化完善。随着产业规划的植入,农业用地上的人工环境为产业格局与产业链的升级带来新的经济亮点,如景观建筑(花房、博物馆)、牧场、农场观光轨道、花境等产业节点。同时,产业的增长方式与聚集方式带来新型产业空间的产生,如

---

① https://www.baidu.com/link?url = F0MmuOCvBotsJAgRI1W1lsJbTf9hHb4R _ bDl0Z9zCJNBQ _ zdXDR3Iz98d1NZLfwd4HCavaqc8y — RBJhd1XuFEDK0YUDYg3dBqXp9miIaG — 972AIi1YMv3ueu35RefRlPFxDocBZ9A 6Vi8s7Gdhe8uu1cydbE0vk2DwurUYrkbAsEnJ — phvgv0Vhq0Eq8u2rU39QUdpmf4G3odGM9N1zAK&wd = &eqid = ca44927f000560800000000458689c3c.

② 根据《土地利用现状分类》(GB/T 21010—2017)归纳.

产业增长点、产业聚集区、产业带等。因此农业用地上的空间建设需要界定与明确用地范围,实行分类分区管理,防治土地违法使用,遵守附属设施用地占用农用地的标准,遵守《自然资源部农业农村部关于设施农业用地管理有关问题的通知》(自然资规〔2019〕4号)。

2) 建设用地上的产住共生

乡村产业空间景观是呈现有机更新、人地共生的特征。以浙江平原水乡为例,受生态环境影响,临水而居成为乡村生产与生活的景观特征,因此浙江平原水网型村落的理想模式通常是"生态绿廊＋多中心组团的均值镶嵌模式"(孙炜玮,2014)(图2.8)。

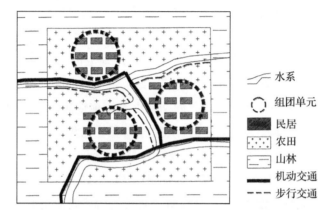

图 2.8 浙江平原水网型村落"生态绿廊＋多中心组团的均值镶嵌模式"

(资料来源:孙炜玮,2014.基于浙江地区的乡村景观营建的整体方法研究[D].杭州:浙江大学:157.)

生产活动方式影响乡村空间格局。比如浙江地区的乡村规模一般不大,满足农耕作业对于集体活动的要求。传统乡村通常有适宜的居住密度,形成联系紧密的邻里关系,一般每户家庭都有一个院落,院落和建筑总占地面积约为200～270 m²的"三分地"或"四分地",布局紧凑。各户之间通过院墙进行分隔。建筑一般坐北朝南,入户的院门面向街道的一侧开启,形成类鱼骨状的空间结构(李长虹,2012)。

村民的产住方式影响单元住宅的空间形态。界面在时空和形式上分为可调节型、模糊型和明确型三类(表2.3)。产住混合体在乡村以家庭作坊的形式普遍存在。空间单元住宅混合的功能在得到认同之后,在单元、聚落中逐渐生长,形成的产住混合功能在聚居空间上由个体到群体增长(图2.9)。

表2.3 混合功能的空间模型及特征

混质格局	时间混合	共享混合	水平混合	垂直混合
混合尺度	建筑单体、街区	建筑单体	街区、地区、城市	单体、街区
混合特征	机理、密度	密度	机理、密度、交织度	机理、密度
界面表征	功能间歇性调节	功能界线模糊	明确的"产住、住企、产产"界面	

续表

混质格局	时间混合	共享混合	水平混合	垂直混合
单元形态模型	住 时间性(集会节日等) → 产	界面 产+住	界面 住 产 路道	住 界面 产 路道

(资料来源:朱晓青,2011. 基于混合增长的"产住共同体"演进、机理与建构研究.[D] 杭州:浙江大学:51.)

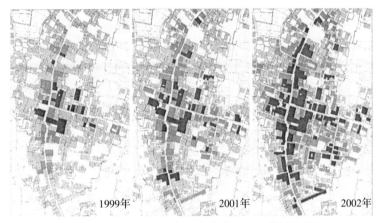

图 2.9 小生产混合功能聚落中产住单元传播与扩展

(资料来源:朱晓青,2011.基于混合增长的"产住共同体"演进、机理与建构研究[D]. 杭州:浙江大学:124.)

生活环境由生活空间与公共空间构成,主要发生在村庄建设用地,依据《浙江省小城镇环境综合整治技术导则》①,本章节从环境卫生整治、村庄秩序整治以及村庄村貌整治三个方面入手,对生活空间与公共空间整治分类进行归纳(表 2.4)。

表 2.4 生活环境综合整治分类

空间类型	环境卫生整治	村庄秩序整治	村庄风貌整治
生活空间	加强地面保洁、保持水体清洁	治理房乱建、治理乱拉线	加强沿街立面整治、推进可再生能源建筑一体化、整治低小散块状行业
公共空间	加强地面保洁、保持水体清洁	治理道乱占、车乱开、乱摆摊	完善配套设施、提升园林绿化、提高管理水平

(资料来源:作者自绘)

---

① 浙江省住房和城乡建设厅于 2016 年 9 月开始推行。

1)生活环境整治

生活空间整治如下：

① 环境卫生整治包含地面保洁、水体清洁两方面。加强地面保洁首先从梳理村庄道路卫生系统开始，确保街巷、道路无杂物堆积和无积水现象，配置一定数量的垃圾箱，定时清倒；清理水体垃圾，禁止在水里养动物、洗衣服，维持河道与湖泊的水体清洁。

② 在村庄秩序方面，房乱建、乱拉线现象是破坏乡村有序空间的主要原因，可在农居拆违的基础上进行居民生活空间的优化设计，治理户外架空线乱拉。

③ 村庄风貌整治工作应与地区建筑风貌结合，如浙江的"浙派民居"推广建设。在满足城郊乡村居民生活需求的基础上突显建筑文化特色与地区传统建筑风貌，可在居民用房的建筑尺度、色彩、形式、风格与用材上进行设计上的协调。立面整治工作可结合背街小巷改造，统筹改善住宅设施、安全设施配套，统一协调雨棚、卷砸门、空调机位、木板门的风格；结合棚户区改造、平改坡工程推进可再生能源建筑一体化；对生活区内生产效率低、违法经营、规模小的分散经济进行整合与驱散，改变环境脏乱差局面。

公共空间整治如下：

① 环境卫生治理包括加强地面保洁，保持集市、农贸区、公园绿地与建筑工地的卫生整洁，配置合理数量的垃圾桶，维持地面与附属设施的整洁；疏通水体，保持水域之间的畅通与水体质量，水体两边不得设置有污染水提排放的经营空间。

② 村庄秩序整治工作包括禁止各种杂物、设施、垃圾占用村庄道路，取缔公路桥下的违法堆物、违法施工与违建；禁止车乱开、车乱停；集中治理乱摆摊等违法经营活动。

③ 村庄整体风貌整治除了与地区建筑风貌结合外，应完善基础设施配套建设，减少城乡差距；落实祠堂庙宇、亭榭牌坊、戏楼（台）、道路围墙等各类物质文化遗产的保护和修缮措施，推进地域风貌协调整治；提升乡村园林绿化水平，注重庭院绿化与道路绿化结合，以乡土树种为主，在植物色彩方面考虑季节搭配和植物群落系统的培育。

3）遵循生态保护红线维护生态安全格局

生态保护红线的内涵包括以下三个方面：一是生态服务保障线，即提供生态调节与文化服务，支撑经济社会发展的必需生态区域；二是人居环境安全屏障线，即保护生态敏感区和脆弱区，维护人居环境安全的基本生态屏障；三是生物多样性维持线，即保护生物多样性，维持关键物种、生态系统与种质资源生存的最小面积。据此，生态保护红线较为全面地保障了生态系统和人居环境的安全（徐德琳等，2015）。

生态保护红线即在系统保护规划等理论的指导下，结合我国环境保护管理工作的实际而提出的重要战略任务。生态保护红线将已建成与未建成的保护地整合为便于管理的生态保护区域。在乡村空间重构工作中，必须对受保护区域的山、水、田、园进行严格的红线把控，不得随意变更地形地貌，保持村庄格局，严禁破坏古树、名木。在农业用地上，产业升级带来的乡村景观斑块的破碎化和生态环境的破坏,可以通过对景观空间的人工改造,构筑人居环境的安全屏障线,与自然环境协调。对破碎化景观斑块进行修复后,协调的视觉景观生态设计应该满足以下条件:在产业格局和大地基底的"图底关系"中,产业景观斑块的面积不能过小,也不能无限大。在村庄建设用地方面,遵循顺应自然、因地制宜的人居环境安全屏障,形成小尺度与紧凑式产业空间布局。在传统乡村聚落的形成和塑造中,人力与技术局限了乡村空间格局,人类改变自然景观风貌的能力有限,应该顺势而为,因此村落空间往往遵循地势或河流、森林而建。

生态源地是整个生态安全格局构建的基础,其准确性和全面性对格局整体构建至关重要(徐德琳等,2015)。生态源地与生态安全格局的稳定,是维持生物多样性的基础。因此,对自然保护区、风景名胜、水体、草原等生态源的保护至关重要。在乡村空间重构的方向中,可借用景观生态学的相关原理对生物多样性进行计量与研究,在此基础上进行空间上形态与格局的规划。

与生物多样性相关的空间主要集中于农业用地上,因此在空间功能规划的同时,也需要考虑生物种群的体系种植方法,维持生境的平衡与多样性。

在生态保护区,以自然生态资源为主的传统优势产业可与乡村的"地理单元"与"聚落单元"空间有机融合,体现"人地共生"的自然法则。自然资源的产业优势直接影响乡村空间的建设行为。如我国南方地区的乡村民居为躲避炎热潮湿的气候,多采用干栏式建筑,材料选用当地的木材或竹子,经济美观,除了增强建筑的可识别性外,还带动当地建筑材料的加工产业发展,使种植业与加工业共同发展。

2.2.3 城郊乡村空间重构策略

1) 提升农业用地规划地位

伴随我国工业化、信息化、城镇化和农业现代化进程,乡村劳动力大量转移,农业物质技术装备水平不断提高,农户承包土地的经营权流转明显加快,发展适度规模经营已成为必然趋势①。

在适度规模农业为主体的前提下,农业用地的开发必须经过严密的规划设计。在充分考虑机械化、信息化、区域性标准化和高产高效栽培模式等因素的同时,还必须考虑空间、景观、形态与自然环境的协调。因此必须大幅提升农业用地在乡村规划中的地位,将农业用地的规划设计深化至修建性详细规划深度,重点部分需要深化至高标准农田施工图的设计标准。

农业用地的规划设计应依据土地利用总体规划,实施城乡建设用地增减挂钩,有计划地拆建,促进土地在空间上的调整和互换;缓解乡村耕地细碎分耕、集体建设用地粗放浪费等

---

① 引自《关于引导农村土地经营权有序流转发展农业适度规模经营的意见》。

问题,促进耕地保护和节约集约用地;逐步改善农业生产条件,推进城乡统筹,促进农业适度规模经营和乡村集体经济发展。

同时还应加强村庄建设用地的管理,明确发展用地的用途,明确各种用地的范围、规模、比例,将农业用地与村庄建设用地统筹规划,确保守住耕地红线。

2) 规划引导推动土地流转

土地是最重要的生产要素,盘活土地才能释放生产力。2014年11月中共中央办公厅、国务院办公厅印发的《关于引导农村土地经营权有序流转发展农业适度规模经营的意见》明确指出:"坚持农村土地集体所有权,稳定农户承包权,放活土地经营权,以家庭承包经营为基础,推进家庭经营、集体经营、合作经营、企业经营等多种经营方式共同发展。"

顶层设计的政策给出了极高的灵活度,激发了农民和企业的积极性,同时也打开了乡村空间重构的无限可能性。目前很多地区已经建立了农用土地流转市场,土地流转也比较活跃,在一定程度上提高了土地的使用效率。但是大多数流转发生在个体农民之间,现代农业企业想获得适度规模的农业用地,还是需要政府牵头编制规划,集中流转分散的个体农户土地,形成适度规模,再通过洽谈或招商的方式流转给企业。

从空间重构的原则出发,政府牵头编制的规划不应该只是简单的产业规划,而应该从既定产业重组策略出发,通盘考虑产业结构、社会效益和生态保护的空间重构规划。企业的利益诉求,不能越过规划限定的底线。只有这样,才能形成产业与空间一体化模式的目标空间,规划引导推动土地流转,实现应用。

众多新型农业经营主体的出现,解决了"谁来种地"的难题;新型农业社会化服务体系的建立,则让"怎么种好地"有了答案。小麦跨区机收、病虫害统防统治、无人机植保、农业物联网等农业技术的推广应用,专业的社会化服务组织做好了一家一户做不了、做不好的事,在规划引导推动土地流转的同时推动了智慧农业的快速发展。

农民在土地承包经营权确权后,可以将土地流转给其他农户,自己进城务工;他们也可以将土地流转给农业企业,自己作为农业工人受聘,在同一片土地上边学习边劳动;他们还可以进行土地承包经营权抵押贷款,实现要素变资本,去流转其他农户的土地,实现适度规模经营。可见土地流转制度有效激发了乡村的活力。

3) 顺应产业重构策略布局

产业重构引导下的乡村空间重构,应该基于自身的土地状况和原有产业特征选择合适的产业重构策略,空间重构规划顺应产业重构策略布局。

首先应该确立产业方向。拥有特色农业资源的地区,应该加快推进农业结构调整,强化特色农业布局。推进农业产业链和价值链建设,积极发展农产品加工业和农业生产性服务业,大力推进农产品品牌化。

其次,拥有农业旅游资源的地区,可拓展农业多种功能,推进农业与旅游休闲、教育文化、健康养生等深度融合。规划阶段提出旅游规划理念,明确旅游规划要点,通过规划引导乡村旅游项目合理布局和有序开发。因地制宜地发展观光农业、体验农业、创意农业等新业态。

浙江地区地处杭嘉湖平原,地势平坦,土地肥沃,向来被称为"鱼米之乡"。浙江地区的很多城郊乡村适宜经营规模农业。浙江地区城镇化程度高,信息技术发达,人才密集,同样具有智慧农业的优势。围绕大规模生产性景观,需进行复合开发,形成多元空间体系。价值链的延伸,宜对接新消费,以消费新热点、消费新模式为主要内容的消费升级,带动相关产业、基础设施和公共服务投资迅速增长。

产业与空间一体化模式强化了城乡的景观差异,城市的空间形态,源自城市的建设模式。城市建设用地一般转让 40~70 年的使用权,经建设形成建筑物或道路、公园等空间形态,这种固定的空间形态一直延续直到拆除。与城市不同,乡村的农业用地上没有固定建筑物,适度规模经营的农业耕作,会给"田野"空间带来季节性的"潮汐"景观。还可能出现经营权经常性流转的情况,变换的经营主体随时影响着"田野"的空间形态,反映出产业重构影响空间重构的典型现象。

顺应产业重构策略布局,建设内在美与外在美兼具的城郊乡村风貌。把城乡二元化形成的城乡差距改变为乡村景观与城市景观优势互补的城乡景观差异。

4)主体参与空间形态营建

对于乡村人居环境的空间重构,传统乡村规划理论已有成熟系统。本书不再赘述,仅讨论城郊乡村村民参与空间形态营建的方式。

村民的主体角色需要得到关注。在乡村聚落演进过程中,村民一直作为主体角色存在,但主体角色并不等同于主体意识,所谓主体意识就是个人对于自身定位、能力和价值观的一种自觉性(王竹、王韬,2014)。村民是一个群体,因而村民群体的主体意识表现为一种群体自觉性。

从目前的乡村现状来看,村民的自觉性整体还处于相对较低的水平,客观上在乡村营建和治理方面必须依赖政府,主观上将自身置于一种跟随者的位置(王竹、王韬,2014)。正因为如此,介入者在思考或操作中较少将村民的主体性置于问题的核心部分。介入者似乎难以建立一套基于村民主体认知的实施方式。但在实践中却可以通过利益共生、加大自主建造力度、发展协同经济等方式,使介入者和村民获得最大限度的一致性,使村民回归主体角色(王竹、王韬,2014)。

现代农业产业体系下的村民,不但拥有在"村庄"空间形态营建的主体参与权,在其土地经营权流转到适度规模经营企业后,还可通过利益共生的方式回归到"田野"空间形态营建的主体参与角色。城郊乡村农业用地价值较高,村民集体甚至可以使用土地入股的方式,参与农产品品牌化的价值创造过程,这对于传统小农产业体系下的农民是很难达到的高度。

村民通过多方位的主体角色认同,在经济利益和归属感等方面都有较大收获,生活质量稳步提高,有利于乡村社会的安定和谐。

5) 严控生态安全格局底线

"依据生态保护红线内涵,我国的生态安全格局应包括三大部分:一是重要生态功能保护格局,包括保护重要生态功能区,维护生态系统服务功能,支撑社会经济可持续发展;二是人居环境安全格局,即保护生态敏感区和脆弱区,减缓与控制生态灾害,保障人居环境安全;三是生物多样性维系格局,即保护关键物种与生态系统,维持生物多样性,确保生物资源可持续利用。"(徐德琳等,2015)

生态安全格局是城郊乡村产业重构的底线,同时也是城郊乡村空间重构的底线。乡村规划设计应严格遵循生态安全格局要求,发展生态友好型产业,促进农业可持续发展。

2.3 城郊乡村产业转型与空间重构一体化模式

城郊乡村产业转型与空间重构模式可以表现为产业与空间一体化模式构建。"一体化"是一种规划策略与方法,用以形成产业与空间"异质同构"的关系,"模式"指事物的标准样式,"一体化模式"是产业与空间形成"异质同构"的理想空间形态的方法体系。产业与空间一体化模式的目标空间,具有经济内生动力,兼具乡村外在美与内在美,产业、社会与生态和谐共生,是实现可持续发展的城郊乡村的理想形态。

城郊乡村产业与空间一体化模式是以产业转型为导向的乡村空间规划新范式。它基于现代农业发展和乡村产业转型的新趋势,在传统乡村规划理论的基础上,拓宽了乡村规划涉及的学术范畴,强化了规划对乡村产业结构调整的引导作用,提出了乡村产业结构调整与规划学科结合的产业重构策略,提出了产业转型在城郊乡村空间载体上引导空间重构的规划策略,界定了产业与空间一体化模式的目标空间,实现了乡村产业结构调整目标与宜居空间营造目标的同步推进。

2.3.1 产业与空间一体化模式构建

本节根据城郊乡村产业与空间一体化的内涵构建了模式图(图2.10)。模式由横向的三条主线构成,分别阐述产业结构、社会结构和生态结构影响的空间构成途径。纵向分为五个阶段,依次为现状调研、问题分析、产业重构策略选择、空间重构策略选择和目标空间规划设计。

第2章 和美乡村在地化策略：产业与空间一体化模式

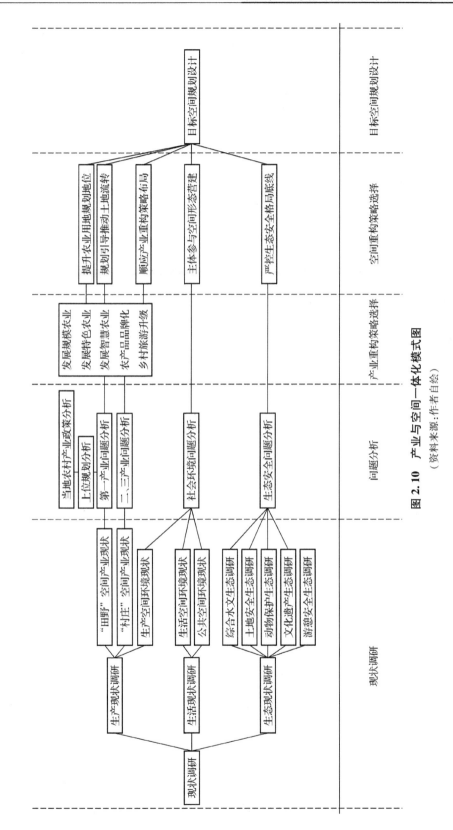

图2.10 产业与空间一体化模式图
（资料来源：作者自绘）

模式图重点阐述了上层主线,即产业结构影响的空间构成途径。在社会结构和生态结构影响的空间构成途径层面,默认遵循传统乡村规划理论的基本要点,仅列出了对传统乡村规划理论中本书需要强调的部分。

产业结构主线从"现状调研"阶段开始,其对产业现状分类调研的方式就能反映出与传统乡村规划方式的区别,"产业重构策略选择"阶段更是专门为产业结构主线增设的研究阶段。模式图分析可见,产业结构横向主线和产业重构策略选择纵向阶段交叉区的"产业重构策略"正是本研究的重点。其后的"空间重构策略选择"阶段中,前三项策略由产业重构策略引出,是产业重构策略的支持性策略,后两项策略由社会结构横向主线和生态结构横向主线引出,是对产业重构策略必要的限制和补充。

模式图的起点是现状调研,终点为目标空间规划设计。模式图反映了城郊乡村产业与空间一体化模式的主体逻辑结构,标明了"三生"体系中核心因素在空间环境形成过程中的位置。

2.3.2 产业与空间一体化模式解析

产业与空间一体化关系结构图(图2.11)反映了产业与空间一体化模式的核心结构,重点由产业重构、空间重构与"和美空间"①三大项组成。图中箭头的指向关系表明:"产业重构策略"引导"空间重构策略"形成有经济活力的"和美空间",这一过程构成了城郊乡村产业与空间一体化模式。下文对产业重构、空间重构及"和美空间"三大项展开进一步的结构详解。

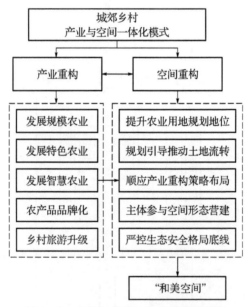

图2.11 产业与空间一体化关系结构图
(资料来源:作者自绘)

---

① "和美空间"指产业与空间一体化的目标空间。

1) 产业重构

在产业与空间一体化模式图中,产业重构策略由发展规模农业、发展特色产业、发展智慧农业、农产品品牌化、乡村旅游升级等具体策略组合构成。基于对城郊乡村产业重构的分析,本节提出了城郊乡村产业重构策略的结构详解图(图2.12),用于阐述产业重构策略如何驱动生产要素,将资本、劳动力等有组织地导入既定土地,激活城郊乡村经济活力。

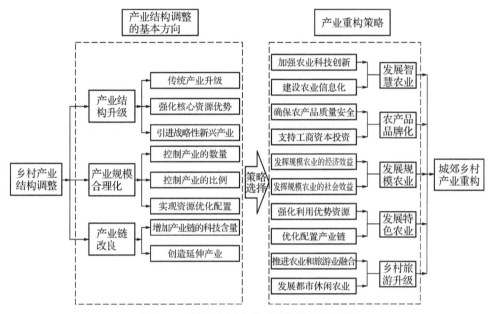

图 2.12 城郊乡村产业重构的结构详解图

(资料来源:作者自绘)

从城郊乡村产业重构的结构详解图中可见:乡村产业结构调整有三个基本方向,分别是产业结构升级、产业规模合理化及产业链改良;由此延伸出八项产业结构调整措施,分别是传统产业升级、强化核心资源优势、引进战略性新兴产业、控制产业的数量、控制产业的比例、实现资源优化配置、增加产业链的科技含量及创造延伸产业;在与国家乡村产业政策对接后,以规划学科的视角判断产业措施与乡村空间结合的可行性,以及在浙江城郊乡村政策落地的可能性,从国家政策支持的产业措施中选取十项策略选择,分别是加强农业科技创新、建设农业信息化、确保农产品质量安全、支持工商资本投资、发挥规模农业的经济效益、发挥规模农业的社会效益、强化利用优势资源、优化配置产业链、推进农业和旅游业融合及发展都市休闲农业;结合规划学科的分类方法归纳成五项产业重构策略,供不同条件的浙江城郊乡村选择使用。

产业重构策略的形成过程是一种因地制宜的选择与归纳方法。在同一片行政区域,产业重构策略可以选择使用;在不同地理条件、经济状况和政策背景的区域,可能会形成完全不同的产业重构策略。

2) 空间重构

产业重构策略的提出是产业措施经过地理条件、经济状况和政策背景选择的结果。换而言之,产业重构策略一经确定,必然适用于指定行政区域。在此前提下,空间重构就是根据具体项目的用地状况及产业条件,选择使用产业重构策略,综合考虑社会结构条件及生态结构条件影响,制定合宜空间规划策略的过程。

空间重构选择产业重构策略的首要因素是具体用地状况(图2.13)。产业重构策略对用地有明确的对应性,比如规模农业不可能在村庄建设用地上实施,有些坡度较大的山地地形也不适用。因此,细分乡村土地性质类型,细分农业用地的详细用途,提升农业用地规划地位,是做好空间重构的基本前提(图2.14)。

很多城郊乡村,紧邻城市市区,用地状况也很适合规模农业。村民进城打工,耕地荒芜或违章占用,生态环境破败,现代农业企业有意介入却苦于无门。这种情况下如果政府牵头推动产业发展与空间一体化规划,向村民和企业展示美丽乡村的"和美空间",将有效地推动土地经营权流转,促进乡村土地集约高效利用。

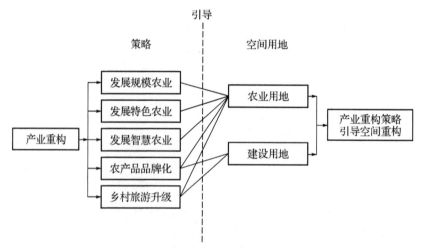

图 2.13 产业重构与产业用地关系结构图

(资料来源:作者自绘)

空间重构策略的选择受到乡村的产业结构、社会结构和生态结构的共同影响。在产业结构方面,有些区域拥有历史悠久的传统特色农业资源及完整的配套产业链,例如杭州西湖区龙坞茶镇及其龙井茶产业链,那么强化特色农业和农产品品牌化就成为很好的选择。

在社会结构方面,不仅要通过乡村建设的途径改善乡村人居环境,而且要从乡村社会学视角观察劳动力回流、农民返乡等现象,增强村民的主体意识,增加村民参与家乡建设机会,创造工作岗位,增加村民可支配收入。

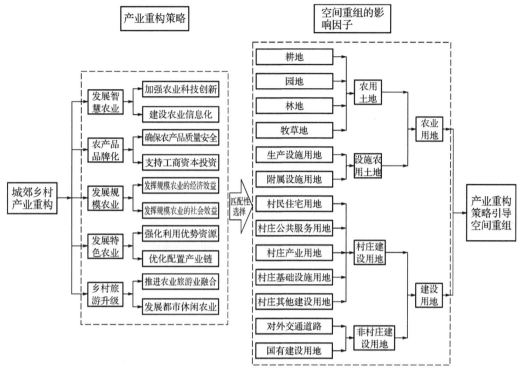

图 2.14 产业重构策略引导空间重构的结构详解图

（资料来源：作者自绘）

在生态结构方面，严控生态安全格局底线，要求产业的生态结构与乡村景观生态特征融合，形成综合安全格局与底线安全格局，具体包含综合水安全格局、综合土地安全格局、生态保护安全格局、文化遗产安全格局、游憩安全格局等。

3）"和美空间"

城郊乡村产业与空间一体化模式的目标是营建和美的乡村空间形态，能促进农民增收与发展乡村经济，改善城郊乡村"村庄"空间的人居环境现状，改善城郊乡村"田野"空间的生态环境与产业景观。

城郊乡村产业与空间一体化模式的目标空间是建立在乡村经济发展下的"和美空间"，是产业结构、社会生活与生态格局的共同载体，是城郊乡村经过产业与空间异质同构后实现的目标空间。

以湖州安吉县碧门村为例，该村的总体规划结合了地域资源特色，将竹产业景观系统、人居与耕作系统和山水格局异质同构，形成产业与空间一体化模式（图2.15）。

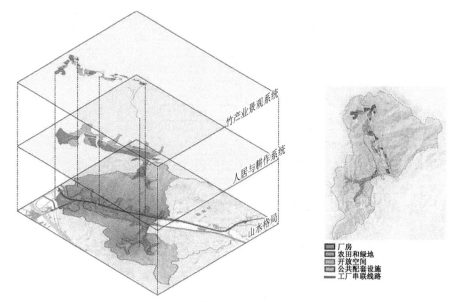

图 2.15 湖州安吉碧门村总体定位与产业规划

(资料来源:课题组)

2.4 本章小结

本章对产业与空间一体化、城郊乡村产业与空间一体化模式的内涵进行解释,随后提出了面向宜居宜业和美乡村的产业重构和空间重构的概念。

乡村产业重构的研究主要从产业结构入手,分析了产业结构调整的机遇与挑战,阐明了乡村产业重构的基本方向,在研究了浙江城郊乡村的地理条件、经济状况和政策背景等诸多因素后,提出了浙江城郊乡村产业重构的五项策略,并用案例解释了产业重构策略。

在乡村的空间重构方面,分析了乡村空间重构的机遇与挑战,阐明了乡村产业重构的基本方向,进而依据乡村产业重构的引导,结合乡村产业结构、社会结构和生态结构的共同影响,提出了浙江城郊乡村空间重构的五项策略。

经过对产业重构和空间重构的详细说明,给出了城郊乡村产业与空间一体化模式的详细分析:以现状调研起点,以"和美空间"的规划设计为终点,反映了城郊乡村产业与空间一体化模式的主体逻辑结构,标明了"三生"体系中核心因素在空间环境形成过程中的位置。

最后用一系列分解结构图描述了一体化模式的三个主要区块以及它们之间的关系。论证了城郊乡村产业与空间一体化模式是在传统乡村规划理论的基础上,提出产业重构在空间载体上的空间重构策略,最终形成乡村"和美空间"的新思路。城郊乡村产业与空间一体化模式是以产业重构为导向的乡村空间规划新范式。

第3章 和美乡村在地化目标:建设"和美空间"

本章基于和美乡村在地化策略"产业与空间一体化模式",剖析和美乡村在地化过程中"和美空间"的建设目标,旨在限定的城郊乡村空间中实现产业结构转型升级,完善乡村基础设施建设,提升乡村公共环境品质,从而激活城郊乡村经济可持续发展的内在动力。

城郊的和美乡村产业与空间一体化的目标空间,特指具有经济内生动力,兼具乡村外在美与内在美,产业、社会与生态和谐共生,实现可持续发展的宜居宜业乡村空间的理想形态。为了凸显"和美"特征,本书将城郊乡村产业与空间一体化的目标空间定义为"和美空间"。

3.1 城郊乡村产业与空间一体化的目标

3.1.1 和美乡村建设目标的提出

城郊乡村产业与空间一体化目标的提出符合城郊乡村经济可持续发展的要求。该目标在产业重构与空间重构的共同作用下,以"宜居""宜业"的乡村空间形态为最终呈现结果。城郊乡村产业与空间一体化目标所对应的乡村空间,其营建过程由确立目标、营建原则、营建策略、控制机制组成。目标的实现要求在乡村建设的发展定位与策划研究阶段,首先策划产业结构,进行宏观背景研究、市场研究与明确产业资源评价的发展目标与战略定位,提出产业开发策略、核心功能体系与项目策划,再用规划设计手段去组织产业、生态和旅游等要素的空间布局关系,包含产业发展的空间布局、土地利用、开放空间规划与设计等,功能分区合理,突出不同主题"和"与"美"。

3.1.2 "和美空间"的内涵

城郊乡村产业与空间一体化模式最终是以空间形态为载体的,本书将城郊乡村产业与空间一体化的目标空间定义为"和美空间"。"和美空间"是在"美丽乡村"建设大背景之下进行乡村空间重构的产物。"和美空间"的营建过程是产业重构策略在空间形态上的实现过程。

乡村的"和"与"美"是指乡村"空间"在发展演变的过程中,应对产业结构调整、社会经济发展和生态环境的改变所产生的适应能力与表现形式,是乡村现代化发展的内在因素。在产业与空间一体化模式中,产业重构与空间重构的影响是相互的,产业结构经过调整后与空间格局融合的现象在时空上呈现动态演变的过程,反映了乡村生产环境、社会环境、生态环境三个系统在产业重构的引导下,实现产业与空间的适应与共生,助推宜居宜业和美乡村建设。

3.2 "和美空间"的营建原则

产业重构引起的乡村空间形态在经济环境、社会环境与生态环境的影响下,应考虑到产业结构、社会结构与生态结构的影响因素,使空间重构后的乡村实现产业与空间在生态环境、人居环境与社会环境中的适应与共生。

3.2.1 产业空间营建原则

"和美空间"的营建过程是产业重构策略在乡村既定规划用地上的空间重构,依据"激活经济、社会修复、生态安全"的原则,帮助实现乡村产业结构、社会结构、生态结构的三者统一。因此,产业空间的营建原则从经济发展水平、产业重构水平、产业相互协调性方面进行归纳。

1) 经济发展水平

乡村区域生产总值会引起生产空间功能与格局的演变。经济学以稀缺和效率为主题,向人们昭示了由于稀缺性的存在,人类的一切经济行为都是围绕"以最小成本获得最大收益"进行,以便有效地利用稀缺的资源(冯娟,2014)。所以,村镇主体空间行为会随着区域的经济发展在地理区位之间进行迁移。在产业结构变化的过程中,如果国民经济的总产出也逐渐增长,那么就说明当前的产业结构正在朝着合理化变动(梁媛媛,2015)。

随着人均地区生产总值的波动,主体的地理空间迁移行为逐渐显现,这不仅引发了集聚引力效应,塑造了劳动力指向性特征,而且还凸显了特定区域的优势地段,从而影响了地区的经济发展格局。首先,生产空间的集聚程度提高地区资源的利用程度,能降低生产成本与销售成本,减少物流费用。生产空间的集聚一般发生在多数生产加工区域互相邻近的区域。其次,生产空间一般会向劳动力费用低的地点迁移,而劳动力往往会向就业机会多、收入可观的地区流转。生产空间一般会向具有区域经济优势的地段迁移,形成盈利的区域,包含重要地段与次要地段,"企业家可能无法选取最优区位,但可获得次优区域的区位,也就是在空间边际内的任何地方其都可以获得利润"(冯娟,2014)。

乡村各主体空间的迁移带来产业结构变化,也引起国民经济总产出的变化,提高农民人均纯收入。

2) 产业重构水平

产业结构格局的合理化是一个动态的过程,"指的是要不断加强并提高产业与产业之间的协调能力和关联水平"(梁媛媛,2015)。在实现产业结构合理化的过程中,不仅要实现产业结构的均衡发展,同时还要全面提升产业的素质水平。根据市场对实际消费需求和资源条件的反馈,对原有不健全的产业结构进行调整,从而实现资源在各产业间得到有效配置和合理利用(梁媛媛,2015)。产业之间相互作用的关系对经济整体作用非常重要,其关系越协调,结构的整体作用就会越高,因此产业结构也就更趋于合理化。产业结构优化下的乡村空间应达到满足社会需求、资源充分利用、乡村各产业相互协调、促进产业的可持续发展的要求。

乡村产业结构调整的目标之一便是满足社会需求。经济学研究的目的在于利用稀缺的资源最大限度地满足人们的欲望,合理的乡村产业结构应该是能够满足社会需求的结构,这是发展乡村经济的根本目的(焦必方,2009)。

乡村的空间会随社会需求的状况、水平、层次及发展而变化。随着城镇化进程与农业现代化的发展,城郊乡村的农民受城市生活的渗透面较大,加上在城市工作过的农民和返乡工作的劳动力,城郊乡村农民的需求出现多样化和现代化的特点,呈现出单纯的物质需求向物质和精神需求并重发展的态势。社会需求的多样性催生丰富的生产空间形态,由产业的丰富度指数、产业多样性指数、产业优势度指数、产业均匀度指数、产业聚集度指数决定。

资源稀缺性是经济活动的重要约束条件。国民经济各产业的发展都要消耗劳动力、资本、土地等生产要素。特别值得注意的是,农业对于气候、生物、土壤、水及其他资源的依赖性很大,而乡村产业的主要原材料大部分来自当地出产的农副产品和矿产资源,乡村服务业中的运输、仓储、销售等又是为乡村农业和工业服务的。因此乡村各产业的发展必然受当地自然资源条件的约束,超越资源允许范围发展产业是不可行的。

产业空间的设置可利用既有优势资源,沿用传统优势产业与引进优势资源的产业。每个地区都可以找到既能充分发挥自然优势又能充分发挥经济优势的产业结构。而资源一般具有多用性,产业结构调整应该充分利用这一特点,尽可能使资源物尽其用。各种资源的利用率、农副产品的利用率、劳动力的利用率和资本利用率等均是衡量乡村资源利用状况的基本指标(焦必方,2009)。

3) 产业相互协调性

一个地区所有产业的数量与各产业内部具体的生产部门的数量比例是一项重要指标。比例关系合理,能够实现投入与产出的均衡发展,能够充分发挥产业部门的积极性和生产能力,帮助企业实现增产增收(焦必方,2009)。

乡村产业空间之间协调发展,是由产业结构的相关性决定的。乡村是多部门的经济综合体,合理的乡村产业结构首先应该遵循部门内有机联系的机制,各部门的产业规模和发展水平既需要与当地的自然和经济资源条件相适应,又需要做到部门间彼此协调、相互促进。例如,林业能对其他各生产部门的正常生产提供保护,但这种保护只有当森林覆盖率达到一定比例时才能真正有效(焦必方,2009)。

在乡村的产业策略引导下,空间协调的合理局面应该是产业主导空间,多元空间结构融合。在确立主导产业后,各相关产业与空间协调发展。现代乡村的产业结构已由传统农业为主转向一、二、三产业融合发展,同时出现厂房、市场、合作社等新型的产业空间。乡村各产业之间是否相互协调,可以通过产业需求适应性判断法、市场供求判断法来判断。

4) 产业发展可持续性

社会需求是随着生产力和居民收入水平的提高不断提高的,而乡村产业结构也会随着社会需求的变化而出现相应的调整。随着乡村产业结构的升级和主导产业的发展与转型,产业策略引导的空间形态应符合产业发展可持续性的要求。如在乡村的产业升级规划中,将产业对接旅游供给侧改革,可以改变不合理、不平衡的旅游供给侧结构,助力乡村旅游产业的升级。

乡村经济系统是一个复合型的生态经济系统。农业是自然再生产和经济再生产两者相结合的物质生产过程,乡村工业空间一般以农业为依托,乡村的生产服务业空间通常是为乡村工农业服务的,因此乡村产业发展对空间的生态环境具有较强的依赖性。

生产空间重构是为了适应产业结构的调整。乡村的生产空间是产业经济辐射变化的产物:从大家庭—小家庭—合作体的空间演变。一家一户自给自足的小农经济,是中国传统农民生存的基础格局。大家庭以精耕细作的农业生产方式和一定数量的家族劳动力组成生产关系,"大家庭能够通过劳动合作的形式开展生产与协作,进而降低生产劳动与社会交易的成本"(张思,2004)。传统小农家庭由大家庭的离散分家产生,近代小家庭由乡村土地承包制度形成,"农户规模小,无法完全解决各种存在于生产和生活中的问题。而后各种各样的合作关系便在生产生活中自然形成,合作一般以农户的自发行为以及私人家庭的互助为主,例如近代华北乡村普遍存在的各种农耕结合"(张思,2004),也有职业化的专项农业组织,如职业采茶工、割麦客等。

管理高效的劳动协作方式将改变生产空间的形态。管理高效的劳动协作是科技进步+劳作模式的改变,能够激活乡村原有产业,让村庄空间形态有机增长生长。产业影响下的乡村空间以产业为中心增长,沿产业节点、产业链、产业格局的空间演变模式发展,是实现资源充分利用的可持续经济发展模式。如浙江安吉碧门村的产业规划策略方案(图3.1)中,产业向北面的产业园区聚集,由北至南,第二产业规模逐渐缩小和工业景观化,第三产业的分量则逐渐增强,充分利用良好的自然景观发展民宿旅游、休闲旅游,产业规划格局由工业过渡到自然。

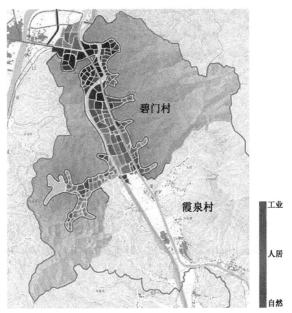

图 3.1　碧门村产业规划格局

(资料来源:课题组)

3.2.2　社会空间营建原则

乡村空间形态受乡村社会环境的影响,产业转移、土地流转与劳动力回流对空间载体产生影响后,农民生活行为的改变在生活空间、公共空间中得到体现,如乡村就地城镇化、消费特征改变等。社会空间营建原则从生活空间和公共空间两个方面进行归纳。

1) 生活空间

随着城市化进程的发展,乡村外围的扩张、新旧村的搬迁、道路系统的变化带来生活空间的改变。为了适应生活方式越来越城市化的新农人的需求,乡村的生活环境与风貌除了符合人居适宜要求之外,同时还需增加基础设施与配套服务建设,促进产住空间的和谐发展。

首先,人居适宜是乡村生产与生活环境和谐表现。传统乡村大多数的农民是聚村而居。社会学家费孝通(2007)在《乡土中国》一书中指出"大多数的农民是聚村而居",其原因主要包括以下几个方面:首先,每家农户耕作土地的面积较小,即所谓的小农经济,因而需要聚居一起,这样才能缩短住宅和农场之间的距离;其次,农民在水利灌溉时需要相互合作,聚居使得合作更加方便;然后是出于安全的需要,人口多更容易实现防卫的效果和目的;最后,大家庭中兄弟几人根据土地平等继承的原则,分别继承祖上的遗产,因而人口在一个地方能够世代积累,成为具有一定规模的村庄。

而今,人口和农村住房的双重空心化导致乡村风貌冲突加剧。一是打工潮使得村庄人口空心化、老龄化,并有大量留守儿童。二是村容村貌的空心化,农民工的返乡投资迅速转化为不断蔓延的新房建设潮,新房沿主要道路展开,原有的老房不拆除,逐渐废弃。

产业格局的变化对人居环境的影响加剧。当下的乡村格局、建筑肌理的构成,不再以传统的家庭单位为基础,而是逐渐受到乡村企业或是旅游产业的影响。例如,杭州近郊的绕城村,受到城市扩张的影响,工厂由城市郊区搬迁到城郊乡村,该村村民的主要经济收入来源为出租房屋给附近工厂上班的工人,大量违章搭建的房屋、流动商贩、小型商铺的出现,极大地破坏了自然村貌。同时,乡村旅游对居民生活环境的冲击是很大的,如杭州绕城村这类典型的城郊乡村,离市中心的距离在十公里之内,除了受到城市经济的辐射加剧之外,大力发展旅游业逐渐成为城郊乡村景观建设的必然趋势,在乡村的产住空间格局规划上的改革具有紧迫性与现实意义。

在绕城村户型示范设计方案中(图3.2),基于绕城村村民将部分房屋进行出租、开办旅馆及餐馆的现象,给出户型设计,包括底层的机动空间、二层自主空间、三层与阁楼的经营空间,每层各有出入口,使得生产、生活空间相互不受干扰。村民可以根据自家的经营与生活方式,在平面和立面上进行菜单式自由组合,使乡村的产住环境在统一规划中兼具多样性。

a. 户型设计图

b. 外观图

图3.2 绕城村户型设计:兼顾村民家庭生活与经营活动

(资料来源:贺勇,马灵燕,郎大志,2012.基于非正式经济的乡村规划实践与探讨[J].建筑学报(4):99-102.)

其次,增加城郊乡村的配套服务设施是减少城乡生活差异的有效途径之一。城郊乡村受到城市化影响较强烈,现代城郊乡村的商业、教育、文化、卫生事业都顺应消费特征而改变。现今的城郊乡村,农民依旧喜欢聚居而住,并以自家面向街道的房间为地点开设小商店或家庭作坊等,但是在消费特征上有了现代元素,生活消费和娱乐消费方式趋于城市化,对具有新功能的服务设施有需求,如咖啡馆、民宿和商业综合体等。以杭州城郊慈母桥村为例,村口设有一幢功能集中的公共建筑,将游客中心、商业区和大型餐厅集中于此,类似城市的商业综合体。

最后,基础设施的建设是发展美丽乡村的基础保障,为农民的生产与生活提供便捷服务。在空间规划过程中,对村域结构、村庄空间进行梳理与整合之后,需要加强水利、交通、供电等生活服务设施建设。同时,基础设施的建设也为乡村产业的植入与发展创造了硬件条件。

2) 公共空间

乡村人口结构的改变对公共空间提出了新的需求。随着城乡一体化的进一步深化,乡村劳动力回流及科技人才的引进将带来乡村人口结构的变化。劳动工具的使用带来工作效率的提升,人们在农业劳动之外,还留有空闲时间,并产生了更多交流的需求(李长虹,2012)。如图3.3所示,村庄土地置换后产生了许多"留白空间"①,可以转换为乡村新的留白空间、公共空间、社会交往空间、绿地空间等。

 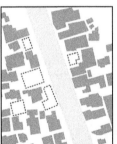 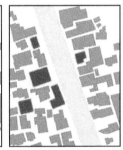 

| 村庄留白 | 拆除老旧房屋,村庄留白 | 空间释放为公共、绿地、社会交往空间 | 逐步向内渗透,形成公共空间系统 |

图 3.3 村庄土地置换后产生的公共空间系统

(资料来源:浙江大学王竹教授课题组)

而鱼骨状街巷空间是乡村公共空间的重要载体,其空间形态通常与村庄整体格局相关,而许多街巷空间仍然只是村中的消极空间(图3.4)。因此通过提升街巷空间的品质来促进村民交往的需求。在表3.1村庄鱼骨状街巷空间及其改造策略中,在巷道置入顶棚,在一侧开挖排水沟,另外一侧种植绿植,营造具有浓郁现代乡村氛围的空间。因此,可以通过强调社会热感,提倡文化传承影响公共空间的重组,提升乡村公共空间的质量。

---

① 注:特指废弃老旧建筑、巷道垃圾场、违章公棚等空间。

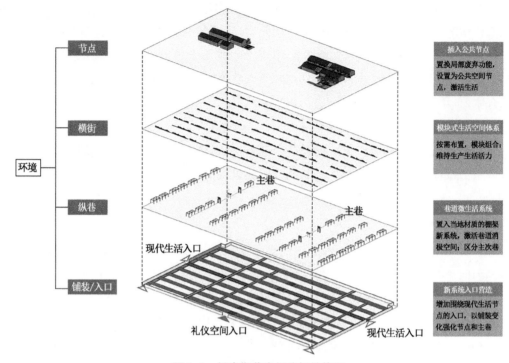

图 3.4 村庄街巷空间分解结构图

(资料来源:课题组)

表 3.1 村庄鱼骨状街巷空间及其改造策略示意图

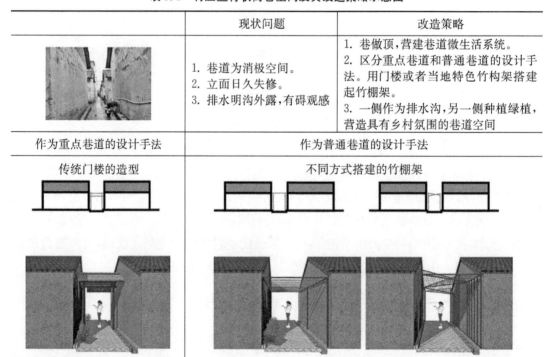

(资料来源:课题组)

首先，社会热感可通过强调地域与血缘的关系加强乡村人口的凝聚力。乡村的公共空间与城市不同，乡村的聚落关系缘于地缘与血缘关系。地缘和血缘是中国传统乡村乡土社会得以维系的重要因素，血缘是比地缘更为稳定的联系，在中国的乡土社会，血缘排除了大部分个人选择的机会，地缘成为血缘的投影（李长虹，2012）。因此适度强调血缘与地缘关系的公共空间，可以加强乡村人口的凝聚力，吸引部分适龄劳动力回流。

有学者提出提倡乡村社会公约思想，赵秀玲曾研究中国"乡里制度"（赵秀玲，1998），指出"乡里制度"在建立和演变的过程中，受到地缘关系和血缘关系的影响。费孝通则从社区的角度来看待传统乡村，他形容传统乡村是"一个没有陌生人的熟人社会"（费孝通，2007）。"熟人"社会的"乡里制度"并不是法律条文，而是村民自觉遵守的乡村社会公约。在乡村社会公约的背后，往往有祠堂、宗庙、地方性神庙等举行公共仪式的公共空间场所。现在保留和修缮旧有的乡村公共建筑和空间已是社会共识，保留优秀传统的同时也提供了村民学习和交往的场所。

其次，文化传承可修复乡村的社会结构。在乡村，织布不仅仅是一种劳动技能，更是一种文明的传承方式。随着纺织机械技术的发展，日常布匹用手工织造的经济意义已大大降低。如果在村庄重新引入手工织布，实行高效的协作方式，在生产与销售环节加入互联网信息技术，除了让留在村里的老人们的劳动增加经济价值，更能使农民重新回归集体生产的生活，进而修补乡村的社会结构。

3.2.3 生态空间营建原则

城镇化发展使乡村生态安全格局日益受到重视。乡村生态空间营建原则不仅要求包含传统的自然景观因素，还必须强调新兴的人文景观因素与产业景观因素的生态安全保护。

城郊乡村产业与空间一体化的模式，在强调乡村各景观因素的基础上，更强调产业结构与空间格局之间的生态过程研究与保护。乡村产业重构带来的产业规模、产业形态、产业格局变化直接影响景观格局的变化。因此，自然景观、人文景观与产业景观需要基于生态安全底线，进行空间格局的基本形态因子分类，便于乡村空间规划中对各元素空间与尺度的确定。

在景观生态学中，景观结构也称为景观格局（landscape pattern）。在本书中，生态结构与生态格局对等，涵盖时间与空间上的动态格局。其中，生态格局是景观生态空间研究的核心内容，景观生态学主要研究生态格局、功能与变化的过程，生态格局决定着功能，功能的改变最终反映在空间格局的动态变化中。根据景观生态学格局—过程原理，能令生态系统变化过程安全的空间格局就是生态安全格局（ecological security pattern），是区域经济扩张的生态底线，也是评价区域生态平衡的方法。

基于俞孔坚（2008）"基本生态系统服务与生态安全格局"的城镇发展格局思想，再结合乡村的景观生态特征，将城郊乡村空间格局的生态结构影响因子进行分类，以维护综合水安全格局、综合土地安全格局、生物保护安全格局、文化遗产安全格局、游憩安全格局的空间规划框线为保障,构建乡村的生态安全格局,保障乡村基本生态系统服务。再将安全格局的视角锁定在乡村,把乡村生态安全格局的空间生态策略定为以下四大服务:水文调节、地质灾害防治等的调节服务;淡水、粮食的供给等服务;生物多样性保护等的生命支持服务;文化遗产保护、游憩等文化服务(图3.5)。

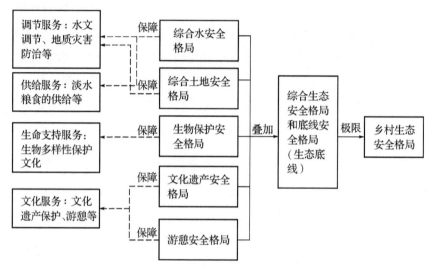

图 3.5 乡村生态安全格局的空间生态策略

[资料来源:俞孔坚,王思思,李迪华,等,2008.北京城市扩张的生态底线:基本生态系统服务及其安全格局[J].城市规划(2):20-24.]

1) 综合水安全格局

水的安全格局包括终年积水或季节性积水的海域、河流、湖泊、沼泽、水库、盐湖、湿地等,也包含经常被河水淹没的土地,还有冰川与雪地。

浙江城郊乡村多为平原水乡风貌,建立综合水安全格局措施可从以下几个方面进行:建立完整的河道网络,疏通水域,在适当的位置增加桥梁;保留和恢复驳岸;河道两边建设绿地系统;减少水源保护区的建设项目与社会活动;严禁污染物的排放。

调节服务主要指水文调节。水体的自我调节服务下降,需要在空间规划中考虑到水文的过程分析。乡村建设中农业围垦、建设用地的扩张引起硬化地表的增加,以及建设用地对水域、耕地、园、林用地的侵占,增加了排水的压力,降低了水体自我调节功能。因此,在乡村空间规划中,应该重视水系、湿地、水库在蓄洪、维持生境与提升环境品质的能力,加强航道功能的恢复,并考虑到最高水位的处理方式(如图3.6乡村河道的处理),也可根据乡村居民与水体的关系进行各种构造探索(表3.2)。

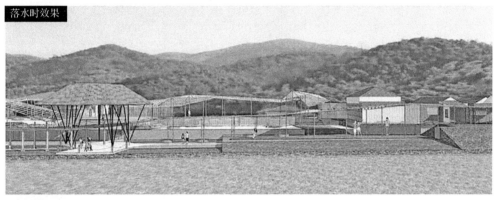
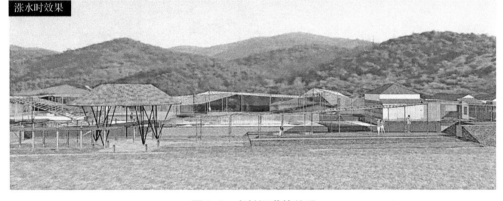

图 3.6 乡村河道的处理

(资料来源：课题组)

供给服务主要指淡水供给。目前中国城郊乡村的水系问题突出：水体被建设用地侵占、违章建筑覆盖，造成循环不畅；水质污染问题严重，村民将河流作为生活用水，以及生活污水和工业用水的不规范排放，都造成了淡水供给服务问题。因此，在乡村发展产业的同时，要注重水体的治理，为水域赋予新的产业与景观元素。

表 3.2　乡村民居与水体的关系菜单

建筑与水体关系的基本类型		基本类型间的相互组合		
类型 A	类型 B	组合 A+B	组合 A+D	组合 A+E
类型 C	类型 D	组合 B+C	组合 B+E	
类型 E		组合 C+D	组合 D+E	

(资料来源:课题组)

2) 综合土地安全格局

乡村的土地安全格局以种植农作物的土地为主,包括耕地、休闲地、轮作地、果园、农林用地和耕种三年以上的滩涂。乡村的土地资源是有限的,任何的土地功能改变必须在保证基本农田面积不变的前提下进行。

调节服务主要指地质灾害防治。水土流失是非常严重的生态环境问题,在乡村建设中更要关注对泥石流等地质灾害的防范工作。生态恢复能够使土壤、水系、植物形成增强水土保持的自然体系。

调节服务主要指土地污染整治。随着农业现代化的发展,乡村第二产业兴起,在"以工哺农""以工促农"的带动下,城郊乡村开始设置工业园区,对乡村的土地造成了一定的污染,影响到农作物种植的土壤。因此,在一些工业用地与被污染的土地上进行的生态恢复工作,还应该考虑到净化土地的问题。对乡村污染土地的治理是伴随工业化的发展同时进行的。

3）生物保护安全格局

乡村的生态系统与生境类型,包括植被类型与生物群落。

生命支持服务主要涉及生物多样性保护。随着城郊乡村受到城市化的影响日益增大,人类活动的增加,自然生态系统的分离化、破碎化导致植物资源与生物种群的变化。生态多样性保护的目的是维系整个区域生态安全格局稳定的环境。在产业结构优化升级的规划中,需要结合产业生态学的循环经济原理,将产业共生、产业转型与升级、物质流分析与管理、生命周期评价、清洁生产与工业过程优化、生态工业园区规划等原理与景观生态空间密切结合。

生命支持服务体现于人均绿地面积。在乡村的区域规划中的生态安全底线就是维护人均绿地面积,对判别和保护乡村城镇化的生态底线具有现实意义。我国粮食的安全底线是保护基本农田,随着城镇化的发展,乡村产业的介入破坏了农田基质,甚至侵占耕地,必须退耕还农,保证乡村的生命支持服务,保持城乡绿地系统的平衡发展。

4）文化遗产安全格局

文化遗产的安全格局包括古村落、乡村的历史建筑、历史街区、古遗址等能反映当地人文与历史文化特色的空间及民俗活动。

文化服务主要涉及文化遗产保护。在全球化背景下,乡村的文化服务急需保护,乡村地域文化失语问题严重。发展乡村经济与修复乡村社会结构对历史建筑、历史街区与古遗址的保护有促进作用,可与民俗活动结合,发展地区文化特色产业。

供给服务主要涉及文化资源利用率。文化遗产在乡村空间的形态往往是分散的,或者部分处于正在消亡的状态,将文化遗产与旅游产业等产业融合,能够将这些分散的资源与空间组织串联,提高文化资源利用与保护的高效性,从而激活乡村的文化产业。

5）游憩安全格局

游憩景观包含风景名胜区、森林、公园、自然保护区等自然旅游资源,也包括乡村旅游产业的兴起形成的民俗村、观光农业、度假休闲产业景观。

文化服务主要涉及游憩功能设置。随着乡村休闲旅游业的发展,农业观光园、民宿、农场、农家乐等旅游项目在城郊乡村繁荣发展,城郊乡村成为都市人休闲度假的乐园。空间路径与游览场所需要在区域旅游的宏观视角下考虑,并保证游憩体验过程的质量与安全,游憩功能设置至关重要。

供给服务主要涉及游憩资源利用率。在城郊乡村产业与空间的一体化模式中,提出文化遗产与游憩功能结合的策略。文化遗产通过与游憩休闲、观光、展览等功能结合,将文化保护、经济产业的功能融合,利用经济带动地方文化的发展。

3.3 "和美空间"的营建策略

产业与空间一体化的空间载体随着远郊乡村、近郊乡村和城市的密度变化,为产业重构提供了空间条件。根据乡村产业结构影响下的空间变化规律可发现,乡村的空间形态增长形式已实现临水—临道路—临产业格局的演变。城郊乡村的产业结构面临产业节点演变,通过土地的流转与置换,提高了土地的利用效率,释放出来的有效空间为进一步的产业植入创造了机会(图3.7)。

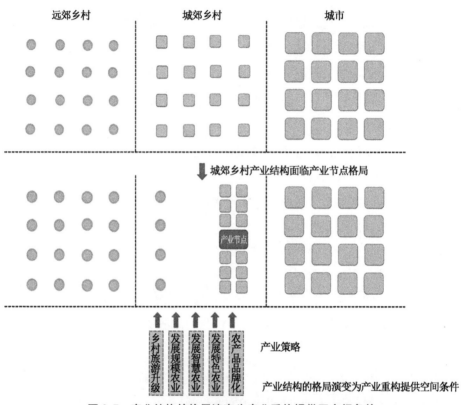

图3.7 产业结构的格局演变为产业重构提供了空间条件
(资料来源:作者自绘)

从城郊乡村产业与空间一体化模式的模型可以分析发现,城郊乡村产业与空间一体化的模式,实质上是产业重构策略引导下的空间重构模式。产业重构的空间形态演变过程是产业与空间一体化交织发展的过程,在乡村的农业用地与建设用地上,规模农业、智慧农业、特色农业、品牌农业以及乡村旅游业融合发展。

现从城郊乡村产业重构的若干策略出发,分别从发展规模农业、发展特色农业、发展智慧农业、农产品品牌化和乡村旅游升级五个产业重构方向去解析"和美空间"的营建方式,并结合空间类型营建的具体案例来进一步解析。

3.3.1 发展规模农业的"和美空间"

发展规模农业重在发挥规模农业的经济效益与社会效益。在规模农业的形成过程中,个体户、合作社为主的传统乡村模式逐渐向多方融合、提升的新型规模农业模式转变。

新型的规模农业产业发展引导下的乡村空间被赋予了新的功能与形态。如图3.8所示:在村庄周边的农业用地上,传统农业生产方式以零散的个体户、合作社为主,呈不规则分布的格局。这些分散的个体农户在经过土地流转之后可实现农业的适度规模经营,形成规模农业全面发展与新型龙头企业、小部分新型个体户、新型合作社并存的格局。

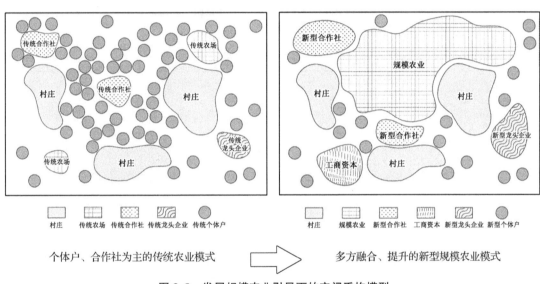

图3.8 发展规模农业引导下的空间重构模型

(资料来源:作者自绘)

以安吉县大竹园"中国美丽乡村"精品示范村为例。大竹园村隶属安吉县灵峰街道。规划范围内沿线村庄基本沿龙王溪滨水景观带星状散落分布,人居与山水田园交织,多地处山麓广阔舒缓的平原地带,村落周围留有大面积农田,村庄形态自然有机。大竹园村现状产业以农业为基础,重点开发现代规模农业蔬菜种植项目,大竹园蔬菜已经成为安吉地区覆盖规模最大的无公害级别蔬菜的品牌,具有了较好的市场口碑和社会影响(表3.3)。

表 3.3　发展规模农业的"和美空间"营建——大竹园村

现状			
村域图	农业用地产业现状	建设用地产业现状	产业分析
大竹园村位于湖州市安吉县,全村有 16 个村民小组	产业以农业为基础,重点开发现代规模农业蔬菜种植项目	依托现有的乡村休闲度假山庄,结合旅游农业发展农家风情主题的民宿产业	以现代农业种植景观为主,结合互动体验,以美丽乡村、农事体验、滨河休闲为特色,形成农业规模经营发展

产业与空间一体化模式	
空间演变	建构过程
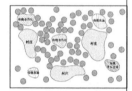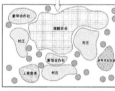	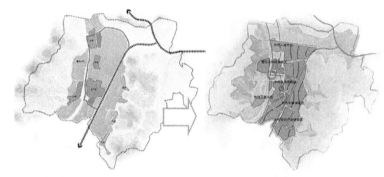 对农业用地进行整合,将零散的土地梳理成四大农业生产体验片区,分别是特色农林体验区、乡村生活体验区、慢生活休闲体验区和乡村创意休闲体验区,形成以"蔬香大地"为主题的规模农业

产业重构策略	空间重构策略	规模农业的"和美空间"
发展规模农业:以规模农业为主导,在基于乡村景观肌理营造理念下,营建集大地景观、农业种植(第一产业)、娱乐休闲于一体的乡村体验基地	提升农业用地的规划地位:提升规模农业中农业用地的价值与社会经济效益。 规划引导推动土地流转:通过土地流转落实一、二、三产业的融合发展。 顺应产业重构策略布局:形成产业空间一体化的模式。 严控生态安全格局底线	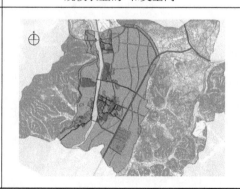

(资料来源:作者在课题组基础上绘制)

3.3.2 发展特色农业的"和美空间"

发展特色农业主要通过强化利用区域资源优势、优化已有的产业链的途径来进行产业结构升级。图3.9中,具有特色资源的传统农业模式,其特色产业、相关产业与不相关产业在空间分布上没有直接的关联性,而经过上、中、下游产业链组织与整合后的特色农业模式,突出了特色产业的资源特殊性与区域经济主导地位。

在对应的空间形态中,已有的特色产业与分类的特色资源重组后进行规模经营,已有的特色产业在空间规模扩张的同时,其上、中、下游产业将以特色产业为空间节点中心布局,这些产业链所形成的生产、加工、销售"产业集群"在空间上形成了产业组团结构,与特色产业、资源之间存在直接的联系,并弱化不相关产业的空间地位,可安置在村庄周边较远的区域。

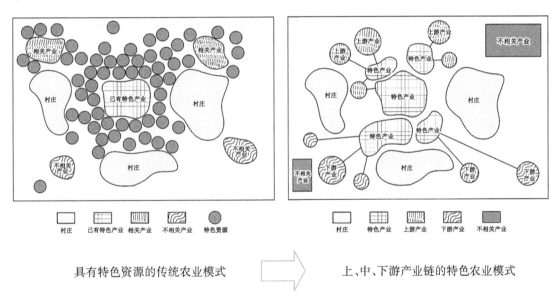

图 3.9 发展特色农业引导下的空间重构模型

(资料来源:作者自绘)

乡村的空间形态营建模式与天然的地形地貌息息相关。特色农业的"和美空间"营建以杭州城郊湖埠村为例。湖埠村位于杭州市西湖区西南部双浦镇西侧,沿山五村(双灵、灵山、湖埠、铜鉴湖、周富村)之一。规划区域包含了灵山风景区、区域北接艺创小镇、东北面与云栖小镇接壤。规划区域内地势平坦,便于农业生产作业和艺术特色产业的创作(表3.4)。

湖埠村的劳动力就业以在家务农和进企业工作为主。核心区域270°群山环抱成天然的大地艺术观景平台与创作背景,真正实现"人—田—地—景"的高度融合。

表 3.4 发展特色农业的"和美空间"营建——湖埠村

现状			
村域图	农业用地产业现状	建设用地产业现状	产业分析
 湖埠村位于双浦镇沿山区域核心,下辖3个自然村	 政策上国家大力支持发展规模农业,上位规划定位该地块为生态农业观光园	 现状村域内散布若干企业。与农业相关企业较少。企业间相互独立无联系,休闲农业企业不能形成规模	以生态农业观光园为定位,结合周边艺术院校、艺创小镇、龙坞茶镇等资源,形成艺术现代农业

产业与空间一体化模式	
空间演变	建构过程
 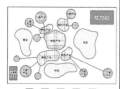	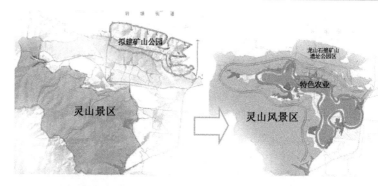 湖埠村的一体化模式是在沿山五村区域特色产业的整体视角下进行的。整合周边丰富资源(旅游、艺术、科技、资本),充分利用山形地势,在环抱的群山上形成天然的大地艺术观景台。在山谷中突出艺术家与大地碰撞、创作者与耕作者协作的特色艺术农田景观

产业重构策略	空间重构策略	特色农业的"和美空间"
发展特色农业:以艺术特色农业为主导,结合农产品加工(第二产业)配合观光农业、民俗博览、民宿体验等休闲农业(第三产业),形成第六次产业化的升级	提升农业用地的规划地位:从上位规划中的生态农业观光园上升到特色农业主导的大地艺术。 规划引导推动土地流转:将违规开挖的水塘还原成复耕土地,以整合规模农业用地。 顺应产业重构策略布局:整合旅游资源,以第一产业农田为中心,二、三产业在农业用地周围环形发展。 严控生态安全格局底线:平衡生态与产业发展	

(资料来源:作者在课题组基础上绘制)

3.3.3 发展智慧农业的"和美空间"

发展智慧农业是通过打造互联网产销农业服务平台,加强农业科技创新与实现农业信息化。智慧农业的科技化与信息化发展要求地区农业全方位提高,体现在生产空间与智能化技术等结合,以及产业链升级改造的新型承载空间上(Wang 等,2023)。

智慧农业的空间扩张是全区域性的;智慧农业全产业链的空间与规模农业协调发展。从智慧农业与空间一体化形态演变图(图 3.10)可见,传统农业规模中的小规模科技农业用地,经过农业现代化建设后升级为智慧农业的生产空间,种植大户、家庭农场、传统加工、传统销售等空间形式的面积逐渐减少,农业用地空间形态以规模农业、智慧农业、休闲农业为主,在农业空间规模化、产业用地集约化的演变过程中逐渐确立农业信息化的智慧农业空间形态。

农业信息化发展的智慧农业模式并不一定在用地空间形态上产生显著的变化,相比较而言,农业的生产要素、生产工具与生产关系的变革更为显著,较多地反映在生产空间的组团与建筑形式上(Wang 等,2023)。

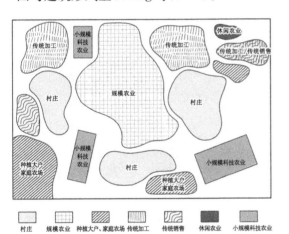

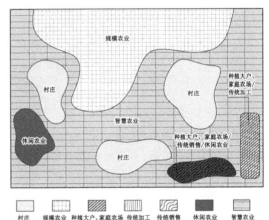

具有小规模科技农业的传统农业模式　　农业信息化的智慧农业模式

图 3.10　发展智慧农业引导下的空间重构模型

(资料来源:作者自绘)

智慧农业模式在杭州市西湖区三墩镇华联村美丽乡村建设中得到了实践。华联村位于杭州市西湖区三墩镇西北部,南接紫金众创小镇及云谷(表 3.5)。

华联村的智慧农业的产业规划是以附近特效小镇——智慧小镇的信息技术支持为依托,结合农业生产模式、农业用地、空间形态的现状,确定了智慧农业空间形态。

表 3.5 发展智慧农业的"和美空间"营建——华联村

现状			
村域图	农业用地产业现状	建设用地产业现状	产业分析
华联村位于杭州市西湖区三墩镇西北部	农业用地产业以农业为基础，田间有丰富的水系及支流分布，具备较好的休闲农业和休闲度假旅游开发潜力	建设用地产业以厂房租赁、土地出租为主，低效的产业模式无法支撑华联村的发展	秉持乡村复育理念，以科技农业为核心，以三墩乡村田园文化为依托，形成智慧农业产业示范基地

产业与空间一体化模式	
空间演变	建构过程
	依据农业项目大类的区分，将农业用地整合为牧、渔、耕、花四大功能板块，体现为智慧牧场、智慧渔场、智慧农场、智慧园艺。根据这四大产业板块形成智慧产业展示轴线、旅游体验环和自然生态环

产业重构策略	空间重构策略	智慧农业的"和美空间"
发展智慧农业：以智慧农业为主导，结合农产品加工、观光农业、民俗博览、民宿体验，引进高科技智慧农业项目，形成科技农业产业化、规模化生产的示范基地	提升农业用地的规划地位：将农业用地主题高度概括整合，形成农业主题乐园。 规划引导推动土地流转：把村民占用土地的违章收入转化为合理收益。 顺应产业重构策略布局：沿智慧产业轴线先发展带动全局。 主体参与空间形态营建：村民参与产业空间重构，改善村庄杂乱现状	

（资料来源：作者在课题组基础上绘制）

华联村原有空间形态以基本农田为主,传统特色农业模式在华联村占据主导地位,农业用地上兼有农业大棚、苗圃种植与农业经营、销售市场。经过智慧农业的产业重构之后,项目从牧、渔、耕、花 四大功能板块展开设计,利用当地现有农业资源,引进高科技智慧农业示范产业,建立现代科技农业示范区,建设信息化销售渠道,形成智慧农业示范展示,并结合休闲农业,开展主题各异的农业乐园项目,带动农户创收。

3.3.4 农产品品牌化的"和美空间"

品牌农业鼓励工商资本的投资,一方面生成农商联盟的经营模式,另一方面通过品牌加强农产品的质量安全保障。

农产品品牌化的空间形态由农商联盟的营运方式决定。随着大企业的进驻与工商资本的投入,企业与个体农户之间发生直接联系,农商联盟所带来的新型空间形态是以资本类型与总量为条件,在空间上实现企业对分散农户的聚集,并在附近汇聚成有效资源,形成规模农业的局面(图3.11)。

外来资本与品牌参与后,可建立农产品的品牌信任体制,完善生产标准,引入质量监督体系,确保农产品的质量安全。农产品在生产、加工、销售环节可以建立安全信息平台,支持品牌化营销。

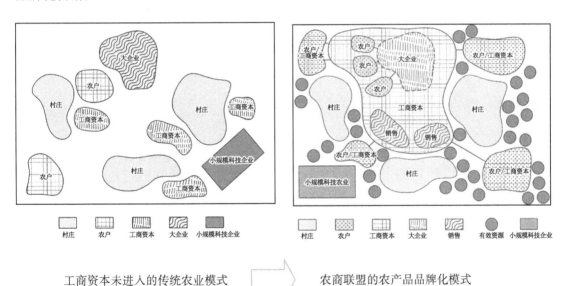

图3.11 农产品品牌化引导下的空间重构模型

(资料来源:作者自绘)

以环莫干山农房建设示范村带为例。莫干山镇位于湖州市德清县西部,紧邻莫干山国家风景名胜区。西北与安吉毗邻,东南与武康镇接壤。环莫干山农房建设示范带涉及6个行政村,形成含2个集镇6个村的一条农房改造建设示范带(表3.6)。

表 3.6 农产品品牌化的"和美空间"营建——环莫干山

现状			
村域图	农业用地产业现状	建设用地产业现状	产业分析
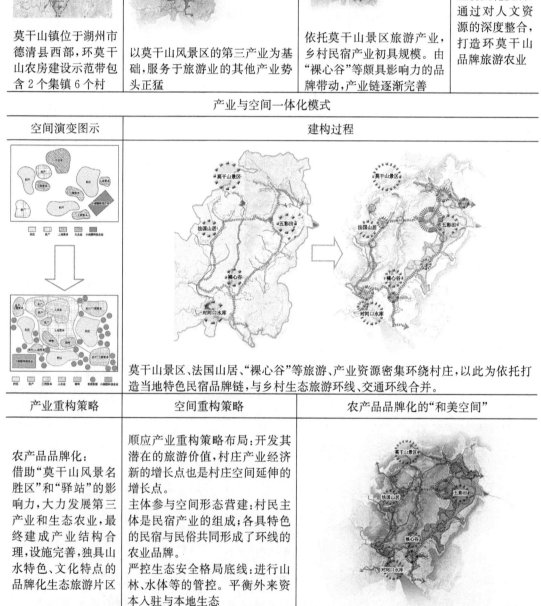莫干山镇位于湖州市德清县西部,环莫干山农房建设示范带包含2个集镇6个村	以莫干山风景区的第三产业为基础,服务于旅游业的其他产业势头正猛	依托莫干山景区旅游产业,乡村民宿产业初具规模。由"裸心谷"等颇具影响力的品牌带动,产业链逐渐完善	结合莫干山环带各村地域历史积淀和社会经济文化发展,通过对人文资源的深度整合,打造环莫干山品牌旅游农业
产业与空间一体化模式			
空间演变图示	建构过程		
	莫干山景区、法国山居、"裸心谷"等旅游、产业资源密集环绕村庄,以此为依托打造当地特色民宿品牌链,与乡村生态旅游环线、交通环线合并。		
产业重构策略	空间重构策略	农产品品牌化的"和美空间"	
农产品品牌化:借助"莫干山风景名胜区"和"驿站"的影响力,大力发展第三产业和生态农业,最终建成产业结构合理,设施完善,独具山水特色、文化特点的品牌化生态旅游片区	顺应产业重构策略布局:开发其潜在的旅游价值,村庄产业经济新的增长点也是村庄空间延伸的增长点。 主体参与空间形态营建:村民主体是民宿产业的组成;各具特色的民宿与民俗共同形成了环线的农业品牌。 严控生态安全格局底线:进行山林、水体等的管控。平衡外来资本入驻与本地生态		

(资料来源:作者在课题组基础上绘制)

沿线村庄产业特色突出。农业方面已初步形成了诸多品牌农业,其中有以五彩田地块为代表的生态有机农业以及以黄芽茶为代表的品牌化特色种植业。在工业方面,规划范围内资源消耗型、环境污染型的工业企业已基本迁出,遗留厂房具有改造潜力。第三产业旅游业已初具规模,特别是农家乐(洋家乐)及相关的民宿经济发展势头良好,已逐步体现了"三九坞"现象的带动效应,形成了"环莫干山带"民宿区品牌。

3.3.5 乡村旅游升级的"和美空间"

乡村旅游升级指推进农业与旅游业融合,进一步发展都市休闲农业。乡村旅游业在建设用地与农业用地上都可以发展,一般来说有内向型、外向型两种模式。

内向型乡村旅游模式由村域内部旅游资源丰富的传统农业模式形成(图3.12)。农业用地上的小规模农业发展为规模农业,产业面积较大,一般由观光农业、体验农业与创意农业等业态构成,具有城郊乡村的都市休闲农业特征。

村庄建设用地上的旅游产业偏向都市假日休闲场所,由可参与互动的小型农产品加工厂、民宿、农家乐等共同组成。

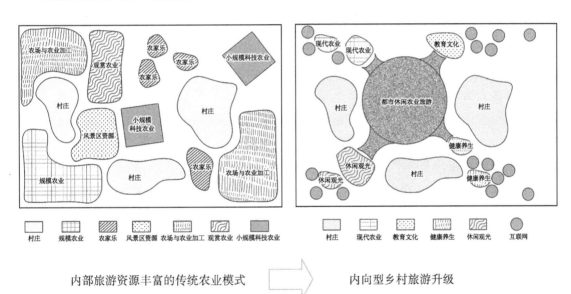

图 3.12 乡村旅游升级引导下的空间重构模型

(资料来源:作者自绘)

外向型乡村旅游则由村庄外部资源旅游资源丰富的传统农业模式构成(图3.13)。农业与旅游业的跨界升级为乡村旅游带来了新的优势。村庄外部的空间更为广阔,生态环境资源丰富,人群密度低,村庄特征明显,可加入探奇活动、生态农场等,形成天然的农业景观来缓解乡村耕地细碎、集体建设用地浪费等问题,促进耕地保护和节约集约用地。现代农业与旅游产业的融合,形成互联网+与旅游+的模式,在乡村产业结构中的作用非常大。

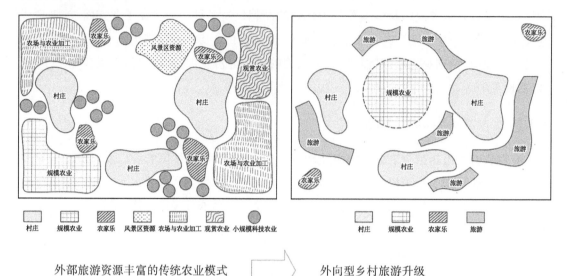

图 3.13　乡村旅游升级引导下的空间重构模型

（资料来源：作者自绘）

德清县洛舍镇张陆湾村美丽乡村精品示范村规划设计（表 3.7），南起窑头自然村，北至尼母山自然村，结合张陆湾村生态环境优美和乡村产业资源丰富的优势，以"清波碧田，湖漾人居"为主题，积极发展乡村旅游经济，力求打造成一个集乡村度假、生态体验、文化科教于一体的乡村休闲度假型旅游示范村，符合"美丽乡村"标准的宜居宜游的美丽乡村。

生态体验型旅游是以自然山水风光为特色，农林牧副渔产业为依托的一种全新的高层次、高品位的旅游方式。该方式突出生态体验，联系发展实际，正确处理保护与开发建设关系，实现旅游资源大县向旅游产业强县战略性转变。张陆湾村充分依托现有自然资源与人居模式，借助洛舍漾的旅游项目建设，发展生态体验型乡村旅游。

3.4　营建机制控制

产业与空间一体化的目标空间——"和美空间"营建的过程机制控制体现在营建的形式、营建的形制，以及"和美空间"目标体系的构建上。

表 3.7　乡村旅游升级的"和美空间"营建——张陆湾村

		现状	
村域图	农业用地产业现状	建设用地产业现状	产业分析
张陆湾村是浙江省湖州市德清县洛舍镇辖村,辖8个自然村	产业以种植业与养殖业为基础,重点开发休闲水域旅游项目	以木皮、钢琴配件加工为主导产业,木皮加工中小企业发达	依托农业大寨文化、清朝古迹、鱼米之乡、丰饶土地等资源打造洛漾的旅游品牌,将其纳入整个区块的旅游体系

产业与空间一体化模式	
空间演变	建构过程

产业双核相对:张家湾的生态产业核和陆家湾的文化产业核。打造"清波碧田,湖漾人居"休闲旅游主题。一条观光旅游主轴串联两核,是村庄的主心骨

产业重构策略	空间重构策略	乡村旅游升级的"和美空间"
乡村旅游升级:依托洛舍漾旅游开发项目,以乡村旅游、互动体验为核心,以美丽乡村、农事体验、滨水休闲为特色,促进乡村休闲旅游业的发展	提升农业用地的规划地位:提升湖漾斑块的景观价值,整合破碎水面,形成当地休闲旅游的品牌标志。 顺应产业重构策略布局:村庄空间格局形态顺应双产业核的布局,"生态""文化"双主题彰显。 主体参与空间形态营建:农业大寨、围屋等文化历史建筑空间亦成为特色旅游点。 严控生态安全格局底线:进行水体质量的管控。平衡外资入驻与本地生态	

(资料来源:在课题组基础上绘制)

3.4.1 营建的形式

生产空间、生活空间与公共空间的营建形式是从建筑师的角度出发,基于居住者的自我需求、个体微观局部的视角来营造乡村,关注基地的环境特征,包括气候、地貌、材料与技术。营建的形式包括"时—空—人—地"的统一,与"斑块—廊道—基底"的模式。

1)"时—空—人—地"的统一

产业与空间一体化模式反映了乡村营建"时—空—人—地"的统一。"时"是指在城郊一体化进程中,研究对象正处在或接近城市化进程后期阶段;"空"特指近郊地段的有利地理位置,可从村庄、村域、村镇、村城的尺度去考虑村域空间形态变迁,包括外围的扩张、新旧村的搬迁、道路系统的升级等,还应考虑城市审美介入乡村、道路硬化、河床改道、乡村公园化、住房面貌统一化等问题,避免乡村风貌城市化;"人"的因素可通过生产方式的改变,形成高密度的就业集群,丰富乡村的劳动力结构,避免社会隐患;"地"指在有限的地域范围之内创造新的经济利益,与城市用地相比,乡村建设障碍较多,实施成本较高,"现行的土地政策对扩建或新建的村庄有较多的制约,如村庄建设用地周转指标数量有限且周转周期较短,跨村组的宅基地置换实际操作比较困难,空置房占地腾不出造成土地闲置浪费,今后被撤并自然村复垦的标准、扶持政策及复垦后土地的处置问题,等等"①。

2)"斑块—廊道—基底"的模式

工业工厂、企业、生态工业园层面的产业构成景观生态学中的"斑块—廊道—基底"的模式,这种模式是动态平衡的格局,因此,乡村建设需要保留尽可能强的弹性,追求动态的完善,而不是静止的高完成度。由于乡村经济体制与社会制度的局限性,加上村民或使用者的行为因素,以及客观的自然因素和时间因素,乡村建设自身是一个不断调整的过程,必须留有弹性,给乡村空间形态的发展变化留出空间。

营建的过程同时也是一种自组织的机制。村民的主体意识在乡村的营建过程中发挥着重要作用,他们既是房屋的使用者、建造者,同时也是乡村生活的规范者与管理者(王竹、王韬,2014)。这样所形成的空间形态是小微环境秩序下的随机差异,局部空间是非匀质的并存在紊乱化现象,随着时间的延续聚落结构逐渐稳定。这样,聚落整体的肌理便呈现出柔韧、自然的有机性和丰富性。因此,乡村的营建形式不仅是改造形态,还必须学习和守护乡村形成的过程与发生机制、规律和智慧。

3.4.2 营建的形制

营建的形制是指"建造"对于乡村而言不仅作为一种经济活动,更是一种社会行为(王

---

① 江苏省住房和城乡建设厅,2013.乡村规划建设[M].北京:商务印书馆:86.

竹、王韬，2014）。"和美空间"的营建需要在区域经济的宏观视角下进行。随着社会经济的发展，区域经济在我国国民经济中所占的比重不断提高，而在城市化进程中，城郊乡村区域经济的作用凸显。因此，为了促进国民经济全面健康发展，做好乡村，特别是城郊乡村的区域经济建设十分重要。而区域经济活力可通过"和美空间"的营建而实现。区域经济活力主要表现为经济成长的能力与潜力、引进资本的能力和吸引高素质劳动力的能力。区域经济发展是要通过一定的指标来衡量的，空间形态则可以作为经济活力指标的载体，也是经济发展的空间物质基础，具有直观性与可测性。

产业与空间一体化模式的目标空间营建的形制不仅是一种经济活动，更是一种社会行为。除了配合地方政府积极参与乡村产业重构外，"和美空间"的营建还应该考虑到农业合作经济组织和农业产业化经营组织等生产组织与生产活动的空间模式。

1）农业合作经济组织

农业合作经济组织是由村民组织起来的，包含农业合作经济组织模式、城乡合作社等。农业合作经济组织的大发展是农民增收的切入点（焦必方，2009）：在新乡村建设的进程中，根本问题是农民的增收。

农业合作经济组织与资本下乡不同，资本下乡以利润为导向，低价把村里的地租过来然后雇佣农民当农民工人，但农民往往得不到幸福感。农业合作经济组织以城乡共同发展为导向，发挥城市的人才优势和资金优势，以大幅度地提高农产品的商品化率，提高农产品的附加值为目标，发挥流通环节的优势，大幅度地提高劳动生产率。

现阶段我国农业合作经济组织的建设路径主要为提供法律保障、提供政府援助、对农民进行培训以及制定相关政策（焦必方，2009）。农业合作经济组织能充分调动乡村农民的积极性，使其认同和配合城乡协同机制，从而获得城乡共赢的合作效果。

2）农业产业化经营组织

农业产业化经营方式有以农户家庭为生产单位、合作社统分结合的生产经营方式和全部外包的产业经营方式。当前中国各地农业产业化的组织形式多种多样，但实质就是在家庭联产承包责任制的基础上，通过产业化组织对分散且为数众多的农户，发挥引导、组织、服务的功能，推动经济体制向市场经济转变，促使增长方式向集约增长发展（松洪远等，2012）。

合作社统分结合的生产经营方式包括规模农业、CSA农业、第三产业联营。全部外包的产业经营方式为收取流转土地获得租金收益。

农业产业化经营的主要组织类型主要为龙头企业带动型、中介组织带动型、专业市场带动型和主导产业带动型（焦必方，2009）。

3.4.3 "和美空间"目标体系的构建

产业与空间一体化模式的目标体系是乡村空间规划过程的要素归纳。该目标体系是多元化视角下的产业与空间一体化模式研究,是农业经济学、乡村社会学、景观生态学的理念融合。通过对各指标层的判断和测度,可对产业规划与乡村建设空间规划两个方面的整体运作现状、实施效果及未来发展趋势提供系统的判断依据。

由于产业重构的形式往往是抽象、不可量化的,产业与空间一体化模式不能用具体的数据去衡量与评价,因此,目标体系的确立可对"和美空间"的营建过程进行有效控制,也可作为城郊乡村产业与空间一体化目标空间的评价工具。

1) 网络层次分析法(ANP)

在1996年,Saaty T. L. 教授提出了网络层次分析法,用来处理更为复杂的层级关系系统。与之前提出的层次分析法显著的区别在于层次分析法的竖向层次指标之间没有直接的关联,是一种独立的递阶层次结构,而网络层次分析法的各项指标在横向关系上也会产生相互的依赖与影响,不同层指标之间可以产生反馈,这种结构关系类似于网络结构。

ANP系统的各组成要素被分成两大部分:控制层与网络层。在ANP结构模型中可见,控制层由体系试图解决的目标层及准则层两部分构成,形成目标体系中的目标与决策大项。

构建系统的层次结构从确定目标层开始,通过准则层再影响到下面的网络层;准则之间是各自相对独立的关系,往往是网络层各指标小项归纳而成的性质归纳,受最高层次目标层的直接影响,往往涉及实现目标的中间环节。

网络层由受控制层决定的指标组成,各项指标相互依赖性与影响,不同层指标之间可以产生反馈,关系呈相互影响的网络结构。

2) 目标体系的构建

在研究与构建目标体系时,指标必须涵盖生态、社会与经济等方面的概念。在区域空间指标体系中,将社会指标、经济指标与生态指标结合在一起的,是郭泺、薛达元等学者在2009年提出的景观生态评价指标体系(郭泺等,2009),该社会、经济、环境指标体系(表3.8)也是目前应用最普遍的一类指标体系。

本书在景观生态评价指标体系表社会、经济、环境指标体系的基础上,再结合空间重构的策略,将产业结构、社会结构、生态格局的各项影响因子进行组合评估,形成产业与空间一体化模式的目标体系。目标体系由以下几个要素构成:

目标体系的层次结构:ANP;

目标体系的目标层:"和美空间";

目标体系框架主要基础支持:农业经济学、乡村社会学、景观生态学的理论;

目标体系的准则选择:产业结构、社会结构、生态结构;

目标体系的指标选择:"和美空间"营建策略。

表 3.8 社会、经济、环境指标体系

经济发展水平指标	社会生活水平指标	生态环境质量标准
人均社会总产值	人均月收入	绿化覆盖率
人均国民收入	人均年消费水平	人均绿地面积
地方财政收入总额	人均每天食物摄入热量	绿地分布均衡度
社会商品零售总额	人均居住面积	单位面积绿地活植物量
全民企业全民劳动生产率	人均生活用水量	大气 SO_2 浓度达标率
全民所有制单位科技人员数	生活用能气化率	大气颗粒物浓度达标率
百元固定资产实现产值	蔬菜、乳蛋自给率	有害气体处理率
百元产值实现利税	婴儿成活率	饮用水源达标率
投资收益率	中等教育普及率	废水处理率
单位能耗产值	每千人拥有医院病床数	工业固体废物综合利用率
能源利用综合率	每千人拥有公交车辆数	生活垃圾处理率
	每千人拥有电话数	
	每平方千米商业服务网点数	
	文体设施服务人员数	

(资料来源：郭泺,薛达元,杜世宏,2009.景观生态空间格局：规划与评价[M].北京：中国环境科学出版社：249.)

（1）目标层与准则层

目标层是城郊乡村产业与空间一体化模式的目标空间："和美空间"。准则层由产业结构、社会结构、生态结构组成,准则层下分两级指标层,各项指标为准则层的影响因子。目标体系框架的主要的理论支持来自农业经济学、乡村社会学与景观生态学理论,目标体系的准则层（产业结构、社会结构、生态结构）与"和美空间"的营建原则对应。

（2）指标的选择

① 产业结构准则的指标由在乡村产业重构之后,发展规模农业、发展特色产业、发展智慧农业、农产品品牌化和乡村旅游升级,以及这些产业板块的融合发展的指标组成。产业结构准则下的各项指标以是否达到产业数量的增长、比例的协调、关联度的增加、产业链的延伸、技术层次的提高以及资源配置的不断合理化为目的,是乡村产业结构优化的重要内容。

产业结构准则层一级指标层由经济发展水平与产业重构水平构成。根据农业经济学原理,经济发展过程实质上就是产业结构的变迁过程,国民经济产出的变化与产业重构的方向,都可以作为衡量产业结构是否趋于合理化的指标。

经济发展水平指标包含的二级指标包括乡村区域生产总值、地区人均生产总值、农民人均纯收入。该指标是在表3.8社会、经济、环境指标体系中经济发展水平指标的子项基础上,结合李长虹(2012)可持续农业社区发展评价指标体系的经济水平子项,选取了能反映乡村地区生产活动最终成果的乡村区域生产总值,常作为发展经济学中衡量经济发展状况的指标的地区人均生产总值,以是否达到激活乡村经济、实现农民增收的农民人均纯收入作为二级指标。

产业重构水平所含的二级指标由满足社会需求、资源充分利用、各产业相互协调、产业设置与规模、产业发展可持续性组成。其中,生产空间的产业设置与规模代表了产业重构的方向,而满足社会需求、资源充分利用、各产业相互协调、产业发展可持续性则是第二章空间重构过程中,产业结构的影响因子的四个重要组成部分,第五个影响因子"提高经济效益"在经济发展水平的二级指标中已有体现。

② 社会结构准则是指乡村的空间重构过程中,由于受到产业转移、土地流转以及劳动力回流的影响,乡村的社会结构需要进一步修复。社会结构的一级指标层体现了农民生活行为产生改变后,乡村社会在生活空间与公共空间上需要满足的各项指标(李长虹,2012),包括产业辐射高、管理高效生产空间,人居适宜、配套服务与基础设施完善的生活空间,具有社会热感与文化传承度的交往空间。

二级指标的选取依据空间重构中社会结构的影响因子分析。乡村生产空间的改变受产业经济变化影响,产业辐射高与管理高效的生产空间可实现科技进步+劳作模式的改变,以适应产业结构的调整;生活空间体现了乡村城镇化变迁,乡村的生活环境与风貌力求人居适宜,同时加强基础设施建设与增加配套服务,以符合生活方式越来越城市化的新农人的需求,同时实现产住结合的科学化;随着乡村人口结构的改变,在原村民、回流的劳动力与引进的人才之间需要建立一种社会热感,以此强调血缘与地缘的公共空间,传承地域文化。

③ 生态结构准则体现了乡村空间重构的安全格局与生态底线。一级指标的选取基于空间重构的生态结构影响因子,以俞孔坚"基本生态系统服务与生态安全格局"[①]的观点为主要指导策略,包含综合水安全格局、综合土地安全格局、生态保护安全格局、文化遗产安全格局与游憩安全格局。这些指标主要以反映生态系统主要的、不可替代或不可恢复的服务功能,强调生态系统自然生物属性,有利于指导人类改善生态环境行为,兼具系统性、完备性和可操作性原则。该准则的二级指标选取依据"基本生态系统服务与生态安全格局及城镇发展格局"的关系图示。

3) "和美空间"的目标体系

体系以"和美空间"为目标层,下分3个准则层,10项一级指标层与25项二级指标层构成(表3.9)。城郊乡村产业与空间一体化形态ANP模型内部的层级结构在同级之间相互影响,并能反馈到上一层。

乡村空间是在准则层的共同影响下产生的,这是由目标层"和美空间"与准则层产业结构、社会行为与生态格局之间的关系决定的。

产业结构中的各产业发展程度与协调特别是产业重构的形式,直接影响区域生产总值、规模农业、特色产业与旅游业的融合,体现了产业发展可持续性,是提高生产规模、生产效率

---

① 俞孔坚,王思思,李迪华,等,2008.北京城市扩张的生态底线:基本生态系统服务及其安全格局[J].城市规划(2):20-24.

的有效途径;区域生产总值关系乡村人均地区生产总值与农民人均纯收入,真正做到精准助农,拉动乡村经济活力,以达到有活力的空间目的。区域生产空间体现了产业与空间的一体化。

乡村空间重构的过程受到产业转移、土地流转与劳动力回流的影响,随之产生适合产业与空间一体化形态发展下的生活空间与公共空间,这两者之间是相互影响的。其中,乡村社会热感与文化传承,与生活空间的营建方式相关,并影响到同一层级的人居适宜等相关因子,体现了乡村社会行为与空间之间的相互关系。

生态格局是产业结构的底线;同时,二级指标层反过来影响到准则层,为产业结构与社会行为提供多方的调节服务、供给服务与生命支持服务。

表3.9 "和美空间"的目标体系

目标层	准则层	因素说明	一级指标层	二级指标层
"和美空间"	产业结构	乡村产业重构的过程:发展规模农业、发展特色产业、发展智慧农业、农产品品牌化和乡村旅游升级,以及这些产业板块的融合发展	经济发展水平	乡村区域生产总值
				人均地区生产总值
				农民人均纯收入
			产业重构水平	满足社会需求
				资源充分利用
				各产业相互协调
				产业设置与规模
				产业发展可持续性
			生产空间	产业辐射
				管理高效
	社会结构	乡村空间重构的过程受产业转移、土地流转与劳动力回流的影响	生活空间	人居适宜
				配套服务
				基础设施
			公共空间	社会热感
				文化传承
	生态结构	综合生态安全格局和底线安全格局(生态底线)	综合水安全格局	调节服务:水文调节
				供给服务:淡水供给
			综合土地安全格局	调节服务:地质灾害防治
				调节服务:土地污染整治
			生物保护安全格局	生命支持服务:生物多样性保护
				生命支持服务:人均绿地面积
			文化遗产安全格局	文化服务:文化遗产保护
				供给服务:文化资源利用率
			游憩安全格局	文化服务:游憩功能设置
				供给服务:游憩资源利用率

(资料来源:作者自制)

3.5　本章小结

本章首先对城郊乡村产业与空间一体化的目标空间——"和美空间"进行了定义,并阐明"和美空间"的营建过程,是城郊乡村产业重构策略在乡村空间重构上的实现过程,明确研究乡村产业转型与空间重构的特征与演变的必要性。

其后,从产业布局、社会结构与生态格局三个方面入手,对产业与空间一体化模式的营建原则进行了归纳。针对产业重构的五个策略,本章利用形态演变图示的方法,描述了乡村空间在产业重构介入后发生的空间重构,并通过案例分别对五种类型的"和美空间"模式进行了详细解析。

在营建机制的控制过程中对"和美空间"的营建形式与形制进行了阐述,并形成城郊乡村产业与空间一体化模式的目标体系,该体系由产业结构、社会结构与生态结构组成。

第4章 和美乡村产业转型与空间重构特征与演变分析

本章节基于 GIS 技术,结合遥感影像数据和图像处理方法,对和美乡村的产业转型与空间重构特征及演变进行了分析。通过研究,本章提出了以下结论:(1) 在 GIS 的参数化管理模式下,产业与空间的关系表达一目了然;(2) 在一定程度上,超分辨率的重建可以看作第二代图像恢复,可整合图像处理技术来进一步处理数据;(3) 在时空维度下,结合案例分析提出了乡村产业与空间互动关系的一般规律。

4.1 整合遥感、地理信息系统和图像处理

4.1.1 相关理论研究

随着社会经济的快速发展,科学技术的进步与创新,引起了人们对农业发展的广泛关注。乡村产业结构与乡村经济发展密切相关。从当前农业发展和相关政策的出台可以看出,构建和实施有效的产业结构能够促进乡村经济的发展。关于利益联动机制的研究,多数学者首先研究了龙头企业与农户之间的利益博弈。随着专业合作组织的建立,学者们对农业龙头企业与农户利益机制的衔接模式也开展了研究。在引入乡村产业与空间的研究对象后,有学者针对乡村产业整合利益机制面临的问题,提出了完善现代乡村产业体系,整合利益联动机制的建议(Zhao 等,2017;Choi 等,2013;Karthiban and Smys,2018;Tridawati and Darmawan,2018;Anguraj and Smys,2019),但并未对产业与空间的相互影响进行研究。

产业与空间之间的演变关系,需要综合利用各种遥感手段,特别是 GIS 技术。航空航天遥感技术是通过卫星地面观测获取遥感图像信息数据的技术,这些图像数据在各个领域发挥着不可或缺的作用。遥感图像的分类主要是根据遥感图像上地物的电磁辐射特征,判断和识别地物的属性,为测绘、抢险救灾、军事侦察等领域提供基础地理信,所以遥感影像分类是遥感技术应用中的一个重要环节(Huang 等,2017;Cheng 等,2018a;Neware and Khan,2018;Karthiban and Smys,2019;Zhang 等,2019)。

目前基于图像融合的应用研究大多停留在实验验证阶段,主要利用现有的融合算法对不同来源的数据进行融合(Wang 等,2023)。对于具体应用,应考虑这些融合方案的适用性和有效性。本书基于这项技术,提出新的研究方法,可用于产业空间的参数化管理。针对具

体应用来设计有效的融合方案,以提高多源图像在具体应用中的互补性是非常必要的。图4.1展示了通过图像融合技术,提高遥感图像质量的样本。

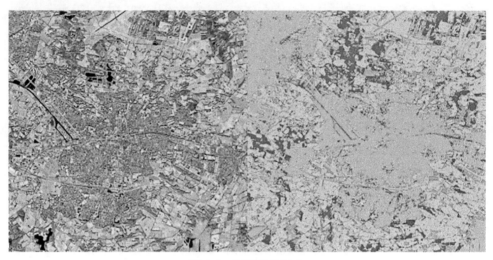

图 4.1 遥感图像样本

4.1.2 相关应用研究

1) 地理信息系统(GIS)分析

三维 GIS 是在二维 GIS 基础上发展起来的新兴技术。它打破了空间信息在二维地图平面上单一表示的限制,实现了已列出部分的 GIS 系统的三维数字化。但在常规文件夹管理模式中没有空间关系,并且无法进行空间定位。属性特性只能简单地显示项目名称,而统计分析只能根据文件夹的数量计算项目的数量。计算机辅助设计(CAD)管理模式能够准确地表达数据之间的空间关系,包括基本方位关系、邻接关系、包含关系等,通过坐标查找数据的核心具体位置(Fadaeddini 等,2018;Koutli 等,2019)。

在 GIS 管理模式中,空间关系表达式一目了然,属性域的管理和编辑不受限制,无论是添加、修改还是删除,都具有随机性和灵活性,可以对基本信息进行分类和存储,并分类显示。数据采集完成后,必须按照 GIS 数据库的要求和规范对原始数据进行分类,并将基础数据分为不同的层次和不同的属性,形成表格。公式4-1给出了参数定义。

$$\theta_k = \max\left\{\frac{\sum_{t=1}^{T} x_{1t}^*}{\sum_{t=1}^{T} x_{k1t}}, \frac{\sum_{t=1}^{T} x_{2t}^*}{\sum_{t=1}^{T} x_{k2t}}, \ldots, \frac{\sum_{t=1}^{T} x_{mt}^*}{\sum_{t=1}^{T} x_{kmt}}\right\} \quad (式4-1)$$

此外,需要一套管理系统来记录数据变更的历史,方便用户查询浏览历史数据。后台数据维护管理系统主要解决了数据管理中的两个难点:一是区分同一实体不同版本的状态;二是区分同一实体在多个不同版本中的状态,并自由存取和提取。根据数据特点和应用需求,采用两种版本管理方法对数据进行管理。对于矢量数据,为了实现对专题数据中某个实体版本变化的跟踪能力,采用基态增量模型方法进行管理。其原理如下:数据的某种更新只影响部分实体数据。数据资源层以各类数据为核心,依托大型网络关联式资料库管理系统和GIS平台,建立集数据管理、数据处理等功能于一体的数据资源层,提供现状数据,规划数据和平台操作所需的管理数据、元数据。

2) 遥感多维图像处理

与自然图像不同,遥感图像的获取往往受到清晰度不够和噪声的双重影响,这使得遥感图像的质量难以由单一的方法决定,从而难以对遥感图像进行评价。大多数常用的遥感图像同时具有模糊和噪声影响的缺陷。二者在空间域和变换域上相互影响,相互抑制,无法准确判断其强度。

超分辨率重建在一定程度上可以看作第二代影像复原重建。在获得具有互补信息的初始高分辨率图像后,逆复原将决定最终图像的质量。在逆解过程中,退化模型能否准确描述具体的成像过程,在很大程度上决定了结果的质量。公式 4-2 主要涉及遥感面阵凝视成像系统(remote sensing area array gaze imaging system)的退化模型及其各异性模糊矩阵(anisotropic fuzzy matrix)。

$$a_{ij} = \frac{\sum_{k=1}^{K} \frac{1}{P_k} \sum_{t=1}^{T} \alpha_t^{(k)}(i) a_{ij} b_j(O_{t+1}^{(k)}) \beta_{t+1}^{(k)}(j)}{\sum_{k=1}^{K} \frac{1}{P_k} \sum_{t=1}^{T} \alpha_t^{(k)}(i) \beta_t^{(k)}(j)} \quad (式 4-2)$$

目前的文献研究给出了以下启示:(1) 在实际应用中,支持向量机(SVM)具有稳定性好、使用方便等优点,但在解决多类目标分类问题时性能较差,如何正确选择核函数没有相关的理论依据。(2) 决策树(decision tree)算法简单易懂,可操作性强,能够处理多输出问题。其核心缺点是泛化能力差,处理高维数据的性能差。(3) 主成分分析(principal component analysis,PCA)算法是

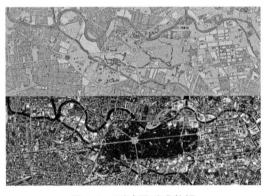

图 4.2 测试图遥感数据

一种简单的无监督训练模型,可以学习多类图像分类任务的不变特征,实现目标分类,但缺点是线性运算无法获得更抽象的表示,因此其描述特征的能力受到限制。(4) 在实际应用中,稀疏表示(sparse representation)具有计算速度快、适应性强、表示结果性能高等优点。主要的缺点是难以建立一个完整的指导数据库。图 4.2 展示了用于可视化理解的测试图像数据。

在实际应用中,上述基于机器学习的分类方法在遥感图像分类任务中取得了良好的效

果,特别是与基于人工特征描述的分类方法相比。因此,需对核心多维模型进行专门的分析,是快速挖掘多维图像隐藏特征的方法。

采用快速模糊均值聚类方法对图像的隐藏特征集进行划分(divide the hidden feature sets of images),指通过对划分结果的分析,快速提取出多维彩色图像的隐藏特征。而对于利用小波理论进行快速特征挖掘的多维彩色图像,采用这种方法具有效率高的特点,但也存在着无法准确提取图像特征、误差大的问题。如果采用基于模糊聚类(fuzzy clustering)的快速挖掘方法,先用多变量小波(multi-variable wavelet)提取彩色图像的多维隐藏特征,再用马尔可夫随机场理论(Markov random theory)构造图像的局部特征集合,最后用支持向量机实现图像的特征挖掘。公式(4-3)给出了定义。

$$\mu_i = \frac{\sum_{k=1}^{K}\frac{1}{P_k}\sum_{t=1}^{T}\gamma_t^{(k)}(j) \cdot O_t^{(k)}}{\sum_{k=1}^{K}\frac{1}{P_k}\sum_{t=1}^{T}\gamma_t^{(k)}(j)} \quad (\text{式}4-3)$$

在多维彩色图像的特征快速挖掘中,可通过回溯新的图像矩形特征为基础,并遵从节约的使用原则重新排列一个新的矩形特征结合,挖掘出一组能够准确反映多维彩色图像的秘密特征的数据,再对特征进行具体的再安排。在小空间多维通用彩色图像的特征快速挖掘方法中,需要采取的方法还有针对不同小空间提取模糊多维彩色图像特征的快速挖掘。公式4-4定义了优化函数。

$$\min\{\theta\}, \text{s. t.} \sum_{j=1}^{n} X_j \lambda_j + S^- \leqslant \theta X_{j_0} \quad (\text{式}4-4)$$

使用基本数字图像存储信息的缺点是往往包含大量的冗余信息。因此,针对数字图像的处理方案一般采用图像压缩算法来减少处理过程中的数据量,提高算法的效率。

4.1.3 适宜性方法的采纳

如今,在我国农业现代化政策和农业产业发展政策的支撑下,乡村农业产业化发展趋势日益强烈。对乡村的农业产业空间进行优化,可以促进我国乡村经济的更好发展。由于乡村产业与空间一体化发展、融合发展的利益联动机制没有一个固定的参数化分析标准。受此启发,本书提出了遥感、地理信息系统和图像处理相结合的新观点,可以基于GIS技术,对乡村产业与空间遥感影像数据进行分析。

4.2 时空维度下的和美产业空间格局演变分析

基于乡村产业转型会带来新的空间增长需求,运用景观生态学方法,在时空维度下,选取符合和美乡村特征的生活景观、生产景观与服务性景观三类景观空间格局的影响因子,从村域尺度计算与产业介入对空间格局的数据,探索乡村景观格局的特征与演变规律。实验过程一般包括以下几个步骤,先在时空维度下对湖州地区乡村产业空间格局进行分类,再对演变过程进行分析,得出乡村产业调整与空间格局相互影响的一般规律。

4.2.1 产业格局与空间格局

现代乡村的产业结构已发生如下转变:乡村产业由农业为主的结构转向农业和非农业共同发展的结构。产业结构的升级转型影响乡村空间形态的变迁,并带来新的生产与居住模式。

新的生产活动的空间扩展会带来新的空间增长与需求。新型的空间需要加入新的乡村产业来填补产业空缺,为村民带来合理的经济收入。如在美丽乡村的建设过程中,拆违工作是维持村庄整体面貌的必要手段,也令违章房屋租赁等收入方式受到致命冲击与消亡,需要在乡村空间规划之前进行产业转型的考虑。

空间格局分两个维度:一种是视觉上的地理形态;另一种是加入了人为组织因素,从产业植入到产业集聚的抽象空间格局。现主要针对地理形态展开研究,分析产业结构调整下乡村空间格局的演变特征。

4.2.2 研究路径与方法

空间格局是一个多维度、动态抽象的概念。研究乡村空间的演变过程是将抽象概念具体化的过程,必须找出空间格局演变的形态影响因子,在时空尺度下将乡村空间形态图像化、图表化,以易于观察、比较。

1) 景观分类

景观分类是乡村空间格局演变的影响因子,常被用来作为景观空间格局、空间规划的基础。从产业出发的乡村空间形态研究,实质上是研究产住、各产业之间的关系,在空间上表现为生产活动、居住与消费活动、公共基础设施的载体。在景观分类表(表4.1)中,景观分类包括居住景观、生产景观与公共服务景观等。

表 4.1 景观分类表

分类	人类活动方式	内容
居住景观	乡村人口居住	居住用地(包括宅基地)
生产景观	工业、农业生产	乡镇企业用地
公共服务景观	商业娱乐消费、文化教育卫生体育	包括大中型的学校、文化、商业、体育、娱乐用地等,不含基层村委会、活动室等小型公共设施用房
道路交通景观	交通、联系	连接村与村、村内部道路,包括过境公路
其他景观	闲置、水域	包括村内空闲地和水域等

(资料来源:朱怀,2014.基于生态安全格局视角下的浙江乡村营建研究[D].杭州:浙江大学;70.)

2）时空维度

生态学提出："若要正确理解格局与过程的关系，就必须认识到其依赖于尺度的特点。"时间段、空间格局上的节点尺度选择，直接影响到过程与格局的功能与性质。乡村空间既是经济活动的场所，也是社会政策变革的载体，其景观影响因子会在不同的时空段，对乡村空间格局产生不同的影响。因此，研究产业结构对空间格局影响的动态过程，须从研究其尺度入手，包括时间与空间上的尺度。

3）尺度精度

研究的对象和目的决定了尺度精度的选择。与产业空间结构密切相关的核心研究尺度是村域体系尺度。村域与其包含的村庄系统组成了乡村空间的主体。在空间规划的层面上，营建一个合理的乡村空间，需要在上一层面的社会政策、经济条件的制约下来完成方案的设计，对城市与村镇、村域、村庄之间的发展关系进行统筹考虑（Wang 等，2023）。

遥感技术是研究和分析景观尺度变化过程中的重要工具。它从不同尺度的遥感数据中提取土地利用与空间分布结构的信息，直观地看出空间格局的演变过程。最常用的是 Landsat TM，其影像精度为 30 m×30 m，这个尺度相对精准地显示出村庄形态特征，是一个尺度适宜的乡村聚落边界图形。

4）分析方法

首先，借用景观生态学的斑块原理，将居住景观、生产景观与公共服务景观界定为斑块，进行不同时期斑块形态演变的观察。

再用 GoogleMap 选取村域 2000 年、2005 年、2010 年、2015 年的图，栅格 30 m×30 m，采用 GIS 提取数据，用 Frastats 计算斑块的规模与格局（表 4.2），寻求空间演变的规律。斑块规模包括斑块平均面积（MPS）、平均斑块形状指数（MSI）、斑块面积标准差（PSSD），斑块格局包含斑块密度（PD）、平均邻近指数（MPI）和多样性指数（SHDI）。

表 4.2 斑块计算公式与释义

	名称	算式	释义
斑块规模	斑块平均面积（MPS）	$MPS = \dfrac{A}{N}$	A 为所有斑块的总面积（m^2），N 为斑块总数量
	平均斑块形状指数（MSI）	$S = \dfrac{0.25P}{\sqrt{A}}$（以正方形为参照）	P 是斑块周长，A 是斑块面积。斑块形状越复杂，S 值越大
	斑块面积标准差（PSSD）	$PSSD = \sqrt{\dfrac{\sum_{i=1}^{m}\sum_{j=1}^{n}\left[A_{ij}-\dfrac{A}{N}\right]^2}{N}}$	A_{ij} 各个斑块面积（m^2）A/N 是平均斑块面积，N 为斑块总数

续表

	名称	算式	释义
斑块格局	斑块密度（PD）	$PD = \dfrac{N_i}{A_i} \times 100$	N_j 为 i 类型斑块数量，A_i 为 i 类型斑块总面积（km²）
	平均邻近指数（MPI）	$MPI = \dfrac{\sum_{i=1}^{m}\sum_{j=1}^{n}\left[\dfrac{A_{ij}}{h_{ij}^2}\right]}{N}$	A_{ij} 为各斑块面积，h_{ij} 为每个斑块与其最近斑块的距离
	多样性指数（SHDI）	$H' = 1 - \sum_{k=1}^{n} P_k^2$	P_k 是斑块类型 K 出现的概率，n 是斑块类型总数

（资料来源：邬建国，2000.景观生态学：格局、过程、尺度与等级[M].北京：高等教育出版社.）

4.2.3 案例的选择

湖州地区的乡村经历了新乡村建设的第一轮改造，目前已处在美丽乡村改造的进程中，从近十五年的空间演变，可以看出乡村空间格局在产业介入前后的变化。本书选取四个较典型的村域来研究产业结构调整下的乡村空间形态演变过程。

1）时空维度下的景观影响因子分析

根据景观分类的三因子对乡村空间格局的进行图形化处理，制作四个代表时期的分析图，得出产业与空间共同发展关系，以及产业在空间上的驱动方向。

(1) 产业介入明显的类型

本书选择两个产业介入明显的村域：湖州安吉县碧门村与湖州德清县张陆湾村，制作了2000—2015年间产业对乡村空间演变的干扰过程（图4.3，图4.4）。分析这两个图能看出随着产业结构的调整，空间形态与格局的斑块发生剧烈的变化。

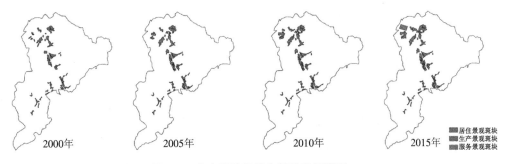

图 4.3 安吉县碧门村乡村景观类型图

（资料来源：作者自绘）

图 4.4　德清县张陆湾村乡村景观类型图

（资料来源：作者自绘）

碧门村确立了"以工带农、以工哺农"的产业格局。碧门村位于浙江省西北边，随着改革开放的不断深入，台商进驻，碧门村充分发挥竹资源的优势，率先走上了一条以竹制品深加工为特色"一村一品"的创业之路。2005 年至今，碧门村以竹制品加工、制造、销售为主，农业为辅，2014 年产值达 3.5 亿元。碧门产业经济已成为全村经济的支撑点，工业的发展带动村级其他经济快速协调发展（图 4.5）。

张陆湾村实现了现代农业的规模发展。张陆湾村主要以木皮、钢琴配件加工为主导产业。2005 年，在工商业的带动下，张陆湾村的村集体经济不断发展壮大，成为全县的首富村。2009 年，洛舍镇镇政府主导创建了中国木皮之乡的贸易平台，加上同年新成立的 5 家木皮加工企业，中小企业发展壮大到了 31 家。目前，张陆湾村已初步形成了农产品种植业、淡水鱼鲜等特色产业，实行农业园区化，现代农业的发展建设已初见成效。木材加工、钢琴配件加工等特色产业也颇具规模。2015 年实现集体经济总收入 114 万，村民人均收入 25 038 元。

图 4.5　碧门村第二产业入驻前后对比图

（资料来源：作者自摄）

(2) 产业介入不明显的类型

图 4.6、图 4.7 是两个产业介入不明显的村域德清县东沈村与安吉县大竹园村的景观斑块演变图,在不同时期斑块形态与格局的变化均不大。东沈村服务斑块主要在 2010—2015 年产生差异,服务景观介入较晚。而大竹园村的服务景观斑块在 2000—2005 年仅有一个斑块,此后才出现其他斑块。

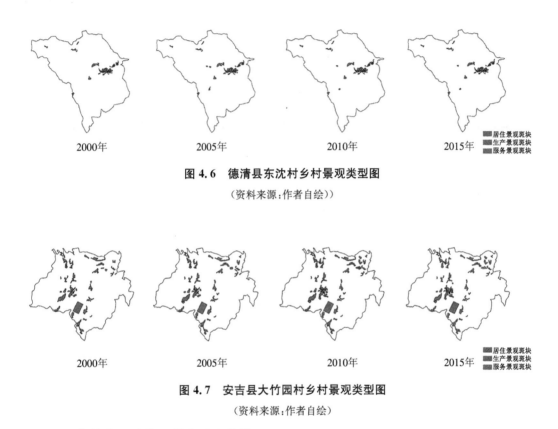

图 4.6 德清县东沈村乡村景观类型图

(资料来源:作者自绘))

图 4.7 安吉县大竹园村乡村景观类型图

(资料来源:作者自绘)

2) 时空维度下的景观影响因子计算

用 GoogleMap 选取村域 2000 年、2005 年、2010 年、2015 年的图,栅格 30 m×30 m,GIS 提取数据,用 Frastats 计算斑块规模[斑块平均面积(MPS)、平均斑块形状指数(MSI)、斑块面积标准差(PSSD)]与斑块格局[斑块密度(PD)、平均邻近指数(MPI)和多样性指数(SHDI)]。

从 2000—2015 年碧门村、张陆湾村、东沈村、大竹园村景观格局指标数据统计(表 4.3)中可以看出:产业的介入与村域空间格局在时空上是相互影响的。

表 4.3 2000—2015 年碧门村、张陆湾村、东沈村、大竹园村景观格局指标数据统计

指标名称	年份	东沈村			大竹园村			碧门村			张陆湾村		
		居住景观	生产景观	服务景观	居住景观	生产景观	服务景观	居住景观	生产景观	服务景观	居住景观	生产景观	服务景观
斑块平均面积(MPS)	2000	0.57	0.63	0.20	1.16	1.52	0.12	0.89	0.40	0.35	0.57	0.50	0.16
	2005	0.59	0.52	0.20	1.13	1.20	0.12	1.01	0.45	0.39	0.59	0.53	0.28
	2010	0.58	0.65	0.18	1.17	1.16	0.20	1.01	0.60	0.41	0.54	0.64	0.33
	2015	0.60	0.70	0.24	1.19	1.12	0.30	1.01	0.76	0.98	0.54	0.87	0.50
平均斑块形状指数(MSI)	2000	1.46	1.19	1.14	1.77	1.19	1.04	1.50	1.21	1.10	1.34	1.12	1.00
	2005	1.48	1.14	1.14	1.79	1.14	1.04	1.53	1.26	1.28	1.35	1.12	1.02
	2010	1.48	1.17	1.12	1.74	1.13	1.23	1.57	1.31	1.22	1.34	1.18	1.02
	2015	1.49	1.15	1.18	1.77	1.10	1.47	1.57	1.31	1.31	1.34	1.22	1.08
斑块面积标准差(PSSD)	2000	0.35	0.64	0.10	0.87	3.31	0.00	0.70	0.33	0.21	0.38	0.56	0.03
	2005	0.34	0.52	0.10	0.97	2.82	0.00	0.69	0.59	0.20	0.40	0.47	0.09
	2010	0.34	0.59	0.10	0.97	2.69	0.06	0.69	0.79	0.19	0.32	0.55	0.10
	2015	0.34	0.60	0.27	0.94	2.58	0.09	0.69	0.86	1.47	0.32	0.73	0.31
斑块密度(PD)	2000	1.76	0.60	4.94	0.86	0.66	8.61	1.13	2.50	2.86	1.76	2.01	6.32
	2005	1.69	1.92	4.94	0.89	0.83	8.61	0.99	2.22	2.57	1.70	1.90	3.54
	2010	1.72	1.54	5.44	0.86	0.86	4.95	0.99	1.66	2.43	1.84	1.57	3.06
	2015	1.68	1.43	4.22	0.84	0.90	3.39	0.99	1.31	1.02	1.84	1.14	2.01
平均邻近指数(MPI)	2000	261.68	71.19	0.19	9.56	0.51	0.00	372.39	0.83	0.05	119.75	0.09	0.00
	2005	264.79	55.23	0.19	9.44	0.96	0.00	419.42	2.49	0.09	122.78	0.10	0.00
	2010	254.20	63.92	0.23	13.99	0.99	1.43	410.55	3.08	0.64	131.56	2.03	0.04
	2015	264.35	70.88	0.23	14.85	0.70	2.34	379.63	5.71	3.74	131.56	4.29	0.04
多样性指数(SHDI)	2000	0.78			0.54			0.64			0.52		
	2005	0.81			0.56			0.77			0.65		
	2010	0.81			0.62			0.83			0.80		
	2015	0.86			0.65			0.98			0.89		

(1) 产业介入明显的类型

A. 碧门村。① 斑块的规模中,居住景观因子是功能上相对突出、数目最多的斑块。基于表 4.3 的景观格局指标数据统计结果,碧门村居住景观斑块平均面积(MPS)从 2000 年的 0.89 hm² 增长到了 2015 年的 1.01 hm²,其中 2000—2005 年是增长速度最为迅猛的阶段,

之后的十年内处于平稳状态。同时从平均斑块形状指数(MSI)中可以看出居住景观斑块形态偏离正方形,且狭长形态随时间愈加明显。说明在20世纪90年代开始快速发展起来的家庭手工业经济的带动下,该村农居建设发展迅速,较快达到了稳定的居住形态(图4.8),且扩展方向符合沿省道与山地的狭长形态。而生产景观斑块在2015年中增长0.58 hm²,服务景观斑块增长0.41 hm²。从生产景观斑块与服务景观斑块的高起点、高增长率的显著增长中,印证了外资入驻、大力办厂、以工带农的产业模式对碧门村村域格局的影响。2010年服务景观斑块的突增则受益于农家乐与大范围采摘农庄的兴起。② 从斑块的空间格局指标数据中,可见碧门村的景观斑块多样性指数(SHDI)显著增加,从2000年的0.64增长为2015年的0.98。说明景观的信息含量随产业介入明显增加,景观空间类型也更加丰富。

B. 张陆湾村。① 斑块的规模计算数据显示:张陆湾村的居住景观斑块在15年中经历了先增长、后下降、维持相对稳定的变化。这符合了村庄快速建设、2005年之后工业经济介入,居住景观斑块进行迁移、调整的状况。从斑块的平均面积变化中可以看出,张陆湾村的生产景观与服务景观自2000年起一直处于快速提升的状态。至2015年,生产景观斑块平均面积达到了0.87 hm²,斑块规模上超过了居住景观;而服务景观斑块也增长了0.34 hm²,规模非常接近居住景观。这说明张陆湾村的产业介入对村域景观格局有明显的影响。② 斑块的空间格局中,三类景观斑块的斑块密度(PD)证明了村域景观格局的完整性随着产业的介入逐步增强,景观连续性好,整体性强。日渐完善的钢琴木材加工产业链、农产品种植业、淡水鱼鲜产业以及洛舍漾带动的旅游业蓬勃发展。同时整个村域内景观多样性的增长十分显著,说明产业介入后村域景观空间格局更为多样,空间格局的完整性也促进了当地产业的发展。

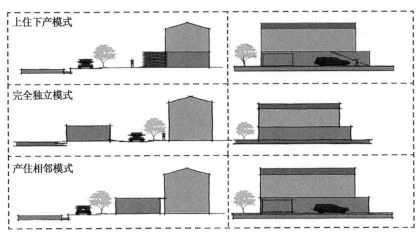

图4.8 碧门村产住关系示意图

(2) 产业介入不明显型

A. 东沈村。① 各斑块面积(MPS)与平均斑块形状指数(MSI)从2000年起一直处于较稳定的状态。居住斑块形状指数偏离正方形较多,符合山地狭长形人居组团的特点。② 空间格局数据中,三类景观没有明显变化。多样性指数(SHDI)说明了东沈村在十五年内仅从0.78变成0.86,意味着15年间新产业介入的力量不足,村域景观格局未见显著变化。

B. 大竹园村。① 斑块规模中居住景观斑块与生产景观斑块占比较大,服务所占份额小。其中居住景观斑块增长微弱,生产景观斑块不增反降,与大竹园村一些工厂的迁出相关。② 斑块格局计算中,由于服务景观斑块规模过小,居住与生产景观斑块才是大竹园村最基本的功能斑块。居住景观斑块与生产景观斑块处于持平状态。多样性指数方面发展欠缺,仅仅从2000年的0.54增长至2015年的0.65。

4.2.4 空间重构特征与演变规律

基于四个案例产业发展与空间演变的景观格局分析,本书针对景观影响因素与空间格局变化趋势,总结出湖州地区乡村产业景观在空间格局上的演变规律。

一是生产景观和服务景观的影响程度明显高于生活景观。斑块密度与面积成反比关系,平均面积与面积标准差的增大导致密度降低,从而反映出各产业的聚集度和破碎度等特征。2010年湖州地区乡村产业转型开始,此后生产景观与服务景观斑块规模和格局发生显著变化。

二是临水—临道路到临水—临道路—临产业的格局演变。产业结构升级和转换导致了传统的临水、临道路生长模式向临产业节点—产业链—产业格局演变。新型产业格局与临水、临道路共同构成乡村空间扩张的网络结构。

在乡村产业机制转型的影响下,传统的临水—临道路空间格局也注入了新的产业元素。水体质量、航道连通性、驳岸处理等因素成为乡村产业发展的基础。例如,张陆湾村的特色水域"洛舍漾"不仅发展养鱼业,还融入了乡村旅游业,成为整个区块旅游体系的一部分(图4.9)。

图 4.9 "洛舍漾"旅游发展体系

(资料来源:网络 http://zj.zjol.com.cn/news/375320.html)

道路系统是乡村经济动力的输送通道。通常,生产与生活的景观空间的增长方式主要沿道路展开,服务性景观空间的生长沿道路与乡村边界展开。道路与交通系统的发展会改变乡村聚落的空间格局。道路对乡村空间的各产业斑块规模的主要影响因素为距离,一般指产业斑块到最近道路的距离,和到最近城镇中心、城市中心的距离。本书研究的村均属于离城市一小时车程距离之内的城郊乡村,受城市经济的辐射与渗透显著。

三是临产业节点—产业链—产业格局的新型网络空间。产业格局成为乡村空间扩张的新型演变趋势。在村域体系的尺度下,产业空间载体的演变主要表现为主导产业斑块的扩张、服务性斑块的出现及生长、农田基质的破碎化以及城乡边缘效应的明显化。首先,乡村主导产业经济吸引着乡村各生产要素向产业节点靠拢,提高资源的集约利用率。其次,产业作为乡村的经济的重要增长点,除了将部分生产要素在乡村发生分异和重组外,也在产业链的重要节点与活动路径上进行空间聚集。最后,乡村的空间结构临产业格局发展是产业经济由点到面发展布局的表现。如碧门村大力发展竹产业链,以竹制品加工为主导产业,从20世纪末发展"一村一品"至今,全村已有规模企业13家,家庭工业130余家,98%劳动力在从事家庭工业,成功地实现了劳动力回流。

4.3 本章小结

本章基于GIS、遥感影像数据和图像处理方法,对乡村的产业空间演变进行分析后发现,空间格局既受产业介入而改变,这是被动影响,又有主动吸引产业植入的作用。二者相互交织影响。本章的研究验证了论题的科学性,和美乡村空间格局发展需要与产业可持续发展同步考虑,促进乡村社区和产业可持续协同发展。

第5章 案例1:群益村产业转型助推和美乡村建设之路

随着我国乡村振兴战略政策的制定和完善,环境恢复成本高、社会经济效益附加值低的行业已逐渐衰退。为了在村级产业转型过程中实现环境恢复成本低、社会经济效益附加值高的高生态效率,本章建立了一个"和美乡村"社会网络模型,由村委会、企业家、企业和村民组成,以完善村级自组织。

为了深入探讨产业转型、生态效率和自组织与乡村产业发展的关系,研究人员采用了纵向单案例研究的方法。在2020—2023年的实地考察中进行了参与者观察,并根据产业转型情况将城郊乡村群益村的和美乡村建设之路分为三个时期。

通过分析得出以下结论:(1)在以高生态效率为目标的产业转型过程中,村委会的强大领导力、完善的社会网络和多元利益偏好的参与者共同引导了自组织的成功。(2)在成功的村级自组织的推动下,产业边界和结构整合显著降低了环境恢复成本,并提高了产业附加值。

本章建立了自组织对和美乡村产业转型的生态效率产生积极影响的概念理论框架,并提出了一个乡村自组织的生态圈,从乡村自组织的角度为实现城郊乡村高生态效率的产业转型提供了重要的见解。

5.1 自组织引导高生态效益产业转型的研究背景

近十年来,全球范围内,包括发展中国家和发达国家在内的乡村地区对新兴的产业转型概念和模型给予的关注越来越多(Bryan等,2018;Zhou等,2020;Hepburn等,2021;Tian等,2022)。这包括在西方环境下的多功能农业应用(Boody等,2005;Renting等,2009),以及发展中国家乡村地区的第一、第二和第三产业的整合(Long等,2009;Chen等,2020)。产业转型不仅涵盖了从已建立的个体产业向不断发展的产业体系过渡的过程,还代表了通过采用新技术(例如在纺织业中利用高温太阳能)和促进两个领域之间的综合发展(例如农业和旅游)来实现高生态效率的一种方法(Grant,1997;De Boer等,1999;Carnevale等,2011;Wang等,2022)。

在发达国家和发展中国家,如美国、韩国和中国等,具有高环境修复成本和社会经济效益低附加值特征的产业已不再受到推广(Hur等,2004;Damigos,2006;Ghisellini等,2016;Liu等,2020b;Zhang等,2022;Tian等,2022)。作为典型例子,纺织业正在全球范围内应对可持续资源利用和生产的压力,对环保产品的需求不断增长(Novaković 等,2020)。纺织业曾被视为中国传统的支柱产业之一,但如今正积极采取多项环境改善措施,以实现高生态效率,例如减少用水量,减少对水体的排放,以及采用环保高效的原材料和技术(Parisi 等,2015;Hayat 等,2020;Fang 等,2021)。

在政策实施方面,将环境政策与工业政策整合,在发展中国家的乡村地区解决非正规经济、贫困、不平等、资源有限、创新、投资和治理等问题(Gallagher,2006;Jänicke,2012;Long,2014;Dercon,2014;Anderson 等,2016;Barbier,2016;Zhou 等,2019;Jiang 等,2022)。以中国为例,政府将"乡村振兴战略"列入国家政策,并在中国的"十三五"规划(2016—2020)和"十四五"规划(2021—2025)中强调了产业振兴的优先地位,将其定位为国家层面的顶层政治目标。中国的乡村振兴战略强调通过产业转型实现更高的附加值和更低的环境修复成本(Liu 等,2020b;Liu 等,2021)。作为中国乡村振兴的主战场之一,浙江省已经实施了一系列的政策法规,旨在限制那些环境修复成本超过附加值的产业的增长。因此,乡村地区的传统产业,如纺织业,需要转型以实现可持续发展。与此同时,浙江省东部沿海的乡村地区正迅速推进数字产业化和工业数字化相关的工业化和城市化进程(Wu 等,2018;Lüthje,2019;Sun 等,2023)。这些演变过程随后强调了乡村产业转型对于实现高乡村生态效率的重要性(Maxime 等,2006;Long,2014;Zhu 等,2022)。

在实施生态效率改善政策的过程中,从乡村产业转型的前景出发,人们关注到自组织现象(Chertow,2007;Zang 等,2020)。自组织通常发生在较低的组织层次,通常与"缺乏组织或外部因素迫使组织"形成对比,并且可以在"国家政府可以帮助或阻碍地方自组织"时观察到(Ostrom 等,1999;Folke 2006)。乡村自组织的挑战包括社会资本的投资和分配、利益相关者社会网络的组织,以及对乡村产业发展方向的探索(Chen 等,2020;Zang 等,2020;Hu 等,2023)。因此,学者们提出通过实现乡村地区可持续工业发展的成功村级自组织(He 等,2011;Leong 等,2016;Zang 等,2020)促进乡村产业转型。

然而,关于村级自组织如何以及为何促进乡村地区高生态效率的产业转型的演变,目前的研究有限。先前的研究认识到村级自组织对产业转型的重要影响以及对生态效率的积极贡献(Zhang 等,2008;Wang 等,2011;Han 等,2021),然而,只有少量的研究探讨了村级自组织如何通过机制改善乡村产业转型的生态效率,尤其是在中国、印度和伊朗等发展中国家(Shukla and Sinclair,2010;Hassanli 等,2016;Zhang 等,2020)。例如,伊朗的集体成员、权威机构和当地社区之间的互动通过自组织促进了伊朗家庭住宿业的增长(Hassanli,2016)。然而,产业转型、生态效率和自组织之间的相互作用仍然模糊不清。

5.2 案例概况

5.2.1 案例的选择

本书选取群益村为单案例研究对象,该村是浙江省生态效率提高最典型的村庄之一。2023年,群益村被评为浙江省(中国纺织业最发达的纺织业省份)美丽乡村示范村(新华日报,2022)。群益村集涤纶织物生产和卫生洁具生产于一体,目前拥有一个集窗帘生产、墙纸生产、卫生洁具生产、非电气家具生产、家具设计服务等一体的家装产业综合体。表5.1为群益村主要产生的信息。村级自组织在从污染严重的村庄向美丽乡村的省级模范村转型中起着至关重要的作用。

表 5.1 群益村主要产业信息

代表性产业	时间范围	面积/hm²	人口数量	中共党员人数	村庄产业建设用地/hm²	村庄产业产值/百万元	成就
涤纶织物生产业	1995年至2004年	236	大约6 500(2004年)	90	41.53	9 539	2003年,群益村所在的党山镇被评为"中国化纤纺织生产名镇",并被认定为中国96个特色纺织镇之一
卫生洁具生产业和涤纶织物生产业	2005年至2017年	236	大约11 500(2014年)	104	52.53	2 370.96	2011年,群益村被认定为"中国装饰卫浴名村",成为首个被国家认定的"品牌特色村"
集成窗帘生产、墙纸生产、卫生洁具生产、非电气家具生产、家具设计服务等的家装产业综合体	2018年至今	236	大约4 500(2022年)	100	46.87(22.67 hm²的用地正在建设当中)	1 271.85	2023年,群益村被评为浙江省美丽乡村示范村

(资料来源:课题组自绘)

注*:村级工业建设用地包括三种类型:(1)国家直接转让给企业的工业建设用地;(2)国家转让给村集体的工业建设用地(然后由村集体租赁给企业);(3)村集体将农用地转让给企业后,企业违规建设工业建筑的土地。

群益村位于浙江省最大的化纤纺织工业基地萧山(中华人民共和国商务部对外贸易司,2012)。群益村毗邻绍兴市的"中国轻纺城",并且靠近中国民营石化龙头企业之一浙江荣盛控股集团。其地理位置如图5.1所示。

图 5.1　群益村地理位置

(资料来源:课题组自绘)

5.3.2　数据收集

从2020年10月到2023年4月,笔者对群益村的村委会、企业、乡贤、村民、政府工作人员等进行了4轮共40次面对面的访谈,涉及22人。考虑到受访者对群益村产业发展的理解和看法可能存在差异,部分人接受了两次或两次以上的采访。通过与这些不同背景的受访者进行深入交流,我们能够获取更全面的信息。这些受访者亲历了群益村40多年的产业发展,包括两次产业转型,因此对群益村的发展历程有着深入的了解。

首先,根据受访者的背景量身定制了访谈问题。访谈的总时长达到42.5小时。所有访谈均在受访者同意下进行并记录。在完成实地工作后,课题组成员通过微信与主要受访者保持联系,以验证信息,并讨论在数据分析过程中出现的任何新问题。

此外,我们收集到可用于分析群益村产业转型和生态效率过程的数据。数据的选择见5.2节的理论背景,如考虑企业对产业结构数据、投入环境恢复成本、社会网络组成和自组织领导情况。数据包括来自现场调查的二次数据、村委会统计数据、当地水电公司的年度统计报告等。数据提取时间为2022年11月至12月。详细的数据来源及相关信息见表5.2。

表 5.2 数据来源及相关信息

主题	维度	指标	说明	数据来源
产业转型	产业边界	混合度	不同产业类型之间的合作程度	现场调研数据
产业转型	产业结构	类型	产业类型数量	村委会统计数据
产业转型	产业结构	数量和比例	不同产业类型企业的数量和比例	村委会统计数据
生态效率	生态恢复成本	生态恢复成本	废水、废气、废渣等排放成本	基于能源和资源消耗以及行业标准的预测、现场调研数据
生态效率	经济成本	社会资本	工业住房建设成本、设备购置成本、先进技术引进成本等	村委会统计数据、现场调研数据
生态效率	经济成本	土地利用成本	土地租赁成本和土地转让成本	村委会统计数据
生态效率	经济成本	能源和资源消耗成本	工业用电量、用水量和资源消耗	当地电力和水务公司的年度统计报告、现场调查
生态效率	经济成本	劳动力成本	常住人口的年均收入	村委会统计数据
生态效率	产业产值	产业产值	产业产值	村委会统计数据
村级组织	社会网络	利益相关者的数量和类型	利益相关者的数量和类型	村委会统计数据、现场调研数据
村级组织	社会网络	利益相关者的有效参与	利益相关者的活动和内部检查平衡机制的有效性，利益相关方沟通的平台	村委会统计数据、现场调研数据
村级组织	领导力	村委会领导力	村委会领导力	村委会统计数据、现场调研数据
村级组织	利益偏好	对经济利益的偏好	一些利益相关者更加关注对经济利益的偏好	村委会统计数据、现场调研数据
村级组织	利益偏好	对环境利益的偏好	一些利益相关者更加关注对环境利益的偏好	村委会统计数据、现场调研数据

(资料来源：课题组自绘)

5.3.3 数据分析

主题分析被用来分析定性数据。首先，所有记录者阅读转译的文本，并通过突出特定的词语或句子提取开放编码。其次，参考现场笔记用于排除与研究目标相关的发展编码引文，并确定子主题。再次，分析和确定主题。最后，通过微信与关键受访者进行沟通，确保信息和分析的准确性。撰写者独立进行编码，然后进行比较性注释。合著者通过多轮讨论，达成了编码共识。同时,根据收集到的数据,整理了群益村产业转型的重要事件,如表5.3所示。

表 5.3 群益村产业转型里程碑

时间节点	重要事件
1995 年	群益村首个涤纶织物生产家庭作坊出现
2003 年	建成并投入使用了一些供农民工居住的两层楼住宅建筑,名为"家乡花园"
2003 年	群益村所在的党山镇被评为"中国化纤纺织生产名镇",并被认定为中国 96 个特色纺织镇之一
2004 年	在以涤纶织物生产产业为主导的时期,群益村实现了年度工业产值最高达 9.61 亿元
2005 年	根据《纺织品与服装协议》,纺织行业的配额限制被取消,国际贸易摩擦频繁,人民币升值,涤纶织物生产的利润减少
2005 年	以卫生洁具生产产业为主导的早期工业园区开始集中建设,并逐渐形成规模
2011 年	群益村被认定为"中国装饰卫浴名村",成为首个被国家认定的"品牌特色村"
2016 年	在以卫生洁具生产产业为主导的阶段,群益村实现了年度工业产值最高达 23.89 亿元
2017 年	根据"三改一拆"的省市行动计划,萧山区对印染、化工、铸造、卫浴等 12 个行业的高污染、低效益企业进行整治和清理,首先从卫浴行业开始
2018 年	群益村超过 60 家企业已关闭,并清理了 22.74 hm² 的厂房,使该村的年工业产值仅为峰值的 25%
2019 年	群益村开展了"瓜沥镇群益村工业园区产业规划"项目
2020 年 7 月	"瓜沥镇群益商会"成立,是萧山区第一个村级商会
2021 年 2 月	群益村 26.67 hm² 的"家居装饰产业园"开始建设,预计建成后年工业产值将达到 42.73 亿元
2022 年 5 月	首批 2.57 hm² 的新厂房已完成建设
2022 年	在包括窗帘生产、墙纸生产、卫生洁具生产、非电气家具生产、家具设计服务等在内的家居装饰产业园的阶段,群益村实现了年度工业产值最高达 12.81 亿元
2023 年 1 月	群益村被评为浙江省美丽乡村示范村

(资料来源:课题组自绘)

5.3 高生态效益目标下群益村产业转型之路

根据产业发展情况调研,群益村产业转型过程可分为三个时期:(1)涤纶织物生产产业主导时期;(2)粗放式产业转型时期,包括涤纶织物生产产业和卫生洁具生产产业;(3)综合产业转型时期,包括窗帘生产、墙纸生产、卫生洁具生产、非电气家具生产、家具设计服务等。三个时期产业用地面积的变化情况见表5.4。各时期产业转型的空间分布如图5.2所示。

表 5.4 三个阶段工业用地面积的变化情况

阶段	涤纶织物生产业主导时期（2004年达到峰值）/hm²	比例	粗放式产业转型时期（2016年达到峰值）/hm²	比例	综合产业转型时期（2022年达到峰值）/hm²	比例
涤纶织物生产业	31.66	76.23%	7.98	15.19%	0	0
卫生洁具生产业	3.14	7.56%	36.88	70.21%	7.36	30.41%
窗帘、墙纸生产企业	0	0	0	0	6.12	25.29%
其他产业	6.73	16.21%	7.67	14.6%	10.72	44.3%
总计	41.53	100%	52.53	100%	24.2	100%

（资料来源：数据提取于2022年11月至12月，课题组自绘）

涤纶织物生产业主导时期（1995—2004年）　　粗放式产业转型时期（2005—2017年）　　综合产业转型时期（2018—2022年）

图 5.2　三个时期产业的空间分布情况

（资料来源：数据提取于2022年11月至12月，课题组自绘）

5.3.1　涤纶织物生产业主导时期

1995年到2004年，涤纶织物的生产规模持续增大。在此期间，当地产业以涤纶织物生产业为主导，包括涤纶纱生产、涤纶织物生产、印染加工。1995年，在中国纺织城和荣盛集团的影响下，涤纶织物生产业成为该村工业发展的起点。2003年，群益村所在的党山镇被授予"中国化纤纺织品名镇"称号，并被认定为中国96个特色纺织镇之一。在此时期的高峰年（2004年），群益村涤纶织物生产企业有35家，占群益村企业总数的75%以上。其他企业涉及印刷业、卫生洁具业、木材加工业等。

在这段时期内，群益村的产业转型实际上并未发生，以涤纶织物生产企业为主，并明确定义了产业边界，排除了产业间的合作。由于受低经济成本、高环境恢复成本和低工业产出值的综合影响，生态效率的状态不理想。同时，村级自组织并未取得成功：自组织的社会网络仅由村委和企业构成；村委会的领导能力较弱；而利益相关者的偏好主要集中在增加收入上，而没有充分考虑到自组织过程中对环境的影响。

5.3.2 粗放式产业转型时期

在2005年至2017年,群益村的产业出现了粗放式产业转型,当地的产业演变为以涤纶织物生产业和卫生洁具生产业为主导。在这期间,涤纶织物的生产,包括涤纶纱线生产、涤纶织物生产、印染加工等规模持续缩小。同时,卫浴产品生产,包括洗手盆生产、马桶生产、浴室柜生产、浴缸生产、淋浴房生产、水龙头生产、装饰镜生产等的规模不断扩大。

2005年,受全球纺织品配额取消和贸易摩擦等国内国际贸易环境的影响,涤纶织物的销售利润下降,导致许多企业逐渐倒闭。卫生洁具生产业作为当时的新兴产业,逐渐成为群益村的新明星产业。2011年,群益村被认定为"中国装饰卫浴名村",成为第一个全国认可的"品牌特色村"。在此时期的高峰年(2017年),群益村共有卫生洁具生产企业60家,占群益村企业总数的70%以上。同时,有涤纶织物生产企业13家,占企业总数的15%以上。其他行业包括印刷工业、木材加工业、塑料薄板生产业等。

在这个时期,产业转型呈现出基本的二元产业结构,主要由涤纶织物生产业和卫浴产品生产业构成。不同类型的产业之间合作较为有限,产业之间的边界相对清晰。此时的生态效率仍然不够理想,表现为相当高的经济成本、昂贵的环境恢复成本以及极高的工业产出值。此外,村级的自组织水平也较为一般:自组织的社会网络仍由村委会和企业构成;村委会的领导能力强大,影响力不断增长;然而,利益相关者对群益村环境影响的利益偏好并没有得到充分重视。

5.3.3 综合产业转型时期

2018年至2022年,群益村进入综合产业转型时期,形成集窗帘生产、墙纸生产、卫生洁具生产、非电气家具生产、家具设计服务等于一体的家装产业综合体。

2018年,受浙江省追求高附加值、低环境恢复成本的政策的影响,群益村的传统产业逐渐衰退,群益村代表性产业的年产值仅为2017年的25%。群益村的家居产业是一个附加值高、环境恢复成本低的产业。企业负责人通过转型或升级,积极加入这个产业。在这一时期短暂的高峰年(2022年),群益村家居产业共有50家企业,产业产值达到2017年的55%。2023年1月,群益村被评为浙江省美丽乡村示范村。

在此时期,产业转型呈现出综合性的多元产业结构,包括家居产业综合体,并且不同产业类型之间的边界变得模糊,存在着丰富的合作关系。生态效率较高,表现为短期内较高的经济成本、较低的环境恢复成本和较高的工业产出值。村级自组织取得成功:自组织的社会网络完善,除了村委会和企业,还加入了村民和企业家的关系;村委会发挥了强大的领导作用;利益相关者的多重利益偏好对自组织过程具有显著的驱动作用。

通过对群益村产业三个时期的考察,了解产业转型、生态效率和自组织等各个维度的强度(数量)变化。表5.5显示了每个时期三个维度的变化。相应的,三个时期的生态效率变化数据如表 5.6 和图 5.3 所示。

表 5.5 每个时期三个维度情况总结

时期	产业转型		生态效率			自组织		
	产业边界	产业结构	经济成本	环境恢复成本	产业产值	社会网络	领导力	利益偏好
涤纶织物生产业主导时期	✓	✓	✓✓	✓✓	✓	✓	✓	✓
粗放式产业转型时期	✓	✓✓	✓✓✓	✓✓✓	✓✓✓	✓✓	✓✓	✓✓
综合产业转型时期	✓✓	✓✓	✓	✓	✓✓	✓✓✓	✓✓✓	✓✓✓

(资料来源:课题组自绘)

表 5.6 三个时期生态效率的变化数据

主题	维度	指标	数据计算	三个阶段的时间节点		
				2004/百万元	2017/百万元	2022/百万元
生态效率	环境修复成本	环境修复成本	年度碳排放量①×碳排放配额交易价格②	451.86	782.25	150.26
	经济成本	社会资本	工业用房增加的面积×工业用房的平均建设成本	210.66	614.09	490.06
		土地利用成本	租赁面积×单位面积的租金;土地转让面积×单位面积转让价格	424.89	552.68	247.39
		能源和资源消耗成本	工业用电量×单位价格;工业消耗量×单位价格	119.32	286.73	62.08
		劳动力成本	常住人口数量×年均收入	61.27	254.44	117.44
	产业产值	产业产值	产业产值	900.02	2237.03	1 200

(资料来源:课题组自绘)

注:① 数据提取于 2022 年 11 月至 12 月。② 有关年度碳排放算法,请参考(Zhu 等,2022)的研究。

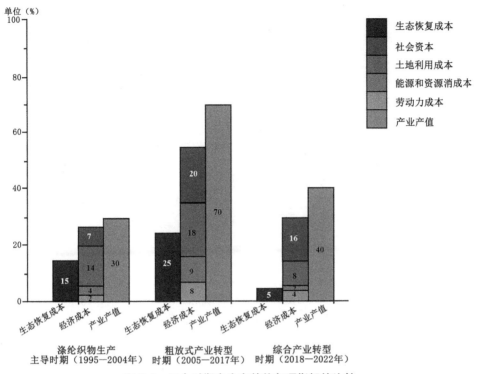

图 5.3 三个时期中生态效益各项指标的比较

(资料来源：数据提取于 2022 年 11 月至 12 月，课题组自绘)

5.4 自组织引导下高生态效益型产业转型机制

本节详细阐述了产业转型、生态效率和村级自组织在乡村地区产业发展中的关系，并建立了村级自组织的三个维度的理论框架。在此基础上提出了一些命题，以强化对基本理论的理解。

这三个维度的联系机制如图 5.4 所示。产业转型可以提高生态效率，但产业转型如何提高生态效率受到村级自组织的影响。

5.4.1 综合产业转型提高了乡村生态效率

群益村的产业经过三个时期的发展，生态效率显著提高。

在第一个时期，涤纶织物生产业占主导，其他产业企业数量较少。同时，不同产业类型的企业之间的合作也较少。涤纶织物生产业的高环境恢复成本和低附加值的特点决定了低生态效率。

在第二个时期，涤纶织物生产业和卫生洁具生产业共存。企业负责人可以选择具有较高产值的产业类型，这有利于合理利用经济成本。然而，它们之间在销售方面缺乏合作。

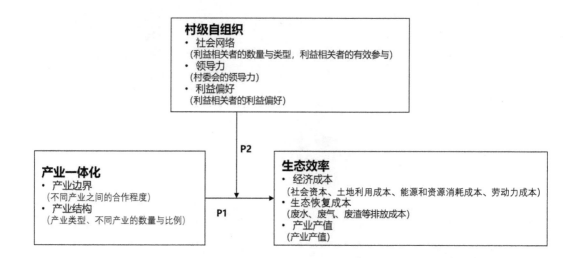

图 5.4 综合理论框架

(资料来源：课题组自绘)

在第三个时期，群益村几乎所有的企业都成为家具产业链的一部分。从事窗帘生产、墙纸生产、卫生洁具生产、非电气家具生产、家具设计服务等的不同下游企业进行了全面的合作，这有利于合理利用经济成本，扩大产品销售规模。同时，群益村涤纶纱生产业、涤纶织物生产业、印染加工业、陶瓷盆生产业、陶瓷浴缸生产业、水龙头生产业等环境恢复成本高的上游产业也逐渐消失。

简而言之，综合产业转型应具有适当数量和比例的多元化产业结构，能够相互合作形成产业链。产业转型将使乡村产业生态效率实现平衡效益。单一或二元的产业结构注定会导致明确的产业边界，阻碍工业附加值的增加和环境恢复成本的降低。因此得出第一个结论：下游各产业数量和比例适当的多重产业结构，以及产业间充分合作形成的模糊产业边界和产业链，将提高产业产值，同时降低经济成本和环境恢复成本。

5.4.2 村级自组织提高了产业转型过程中的生态效率

从涤纶织物生产业主导时期、粗放式产业转型时期到综合产业转型时期，村级自组织越来越成功，有效地促进了产业转型，提高了生态效率。

多利益相关者的利益偏好是村级自组织的自下而上的驱动力。它确保村级自组织所追求的目标满足有关成员的共同利益。不同时期多个利益相关者的利益偏好见表 5.7。当村级自组织的整体效益偏好只追求高附加值时，村级自组织促进了产业转型，追求更高的生态效率附加值，忽视了环境恢复成本。当村级自组织的整体效益同时追求高附加值和低环境恢复成本时，村级自组织将积极促进产业转型，追求综合生态效率。

有完整的村级利益相关者高度参与的社会网络、方便的沟通平台和有效的监督,是村级自组织成功的必要保证。为了探索更合理的村级产业转型路径,出现了由村委会、企业、乡贤、普通村民组成的新型社会网络,以完善村级自组织。在第一个时期和第二个时期前期,只有村委会和企业合作追求产业高附加值。在第二时期后期,村民对污染企业提出投诉,村委会组织企业负责人进行自我整改。但是,如果没有相关的治理政策,自我整改的效果并不大。在第三个时期,由于浙江省出台了追求高附加值、低环境恢复成本的产业政策,村委会与众多企业合作,整合村产业装修综合体。村委会与企业的合作将有助于村委会产业满足政策要求。在整合过程中,企业负责人帮助群益村获得了一些产业发展的支持政策。村民可以通过向当地政府报告,有效地监督企业减少污染。确立村级自组织网络的关键是正式成立一个商会,即"群益商会",为利益相关者提供一个方便的沟通平台。

表 5.7 三个时期多个利益相关者的利益偏好

对象	涤纶织物生产业主导时期	粗放式产业转型时期	综合产业转型时期
村委会	• 增加房屋和土地租金作为村庄集体收入 • 更多村民的选票	• 增加房屋和土地租金作为村庄集体收入 • 更多村民的选票	• 增加房屋和土地租金作为村庄集体收入 • 更多村民的选票
乡贤	• 村庄产业规模扩大和产业产值增加	• 村庄产业规模扩大和产业产值增加	• 村庄产业规模扩大和产业产值增加 • 更宜居的村庄环境
企业	• 企业利润增长	• 企业利润增长	• 企业利润增长 • 工业附加值符合政策要求 • 污染物排放符合政策要求
村民	• 获得更高的工资,包括部分村民经营自己的企业以获取利润,大部分村民为企业服务以赚取薪水 • 村集体提供更多的福利(例如年终奖金、部分养老金支持)	• 获得更高的工资,包括部分村民经营自己的企业以获取利润,大部分村民为企业服务以赚取薪水 • 村集体提供更多的福利(例如年终奖金、部分养老金支持) • 更宜居的村庄环境(后期)	• 获得更高的工资,包括部分村民经营自己的企业以获取利润,大部分村民为企业服务以赚取薪水 • 村集体提供更多的福利(例如年终奖金、部分养老金支持) • 更宜居的村庄环境

(资料来源:课题组自绘)

一般来说,村委会的领导能力越强大,自组织的积极影响就越明显(Zang 等,2020)。村委会是政府支持、村民投票的基层自律组织,在乡村产业发展等事务中自然具有主导地位,村委会的活动和领导能力的力量将对乡村产业的发展产生重要影响。在群益村产业转型第一个时期,村委会没有在村产业发展中发挥主导作用,只是为促进产业发展做了一些事情。在第二个时期初期,村委会将卫生洁具生产业这个新兴产业指定为该村的特色产业,并组织企业为卫生洁具生产业建设早期产业园区。然而,考虑到乡村产业的随后演变,可以认为上述决定是不明智的。卫生洁具生产业作为一个附加值低、环境恢复成本高的代表性行业,已受到政府相关政策的限制。在第三个时期,村委会在选择家具产业为群益村的特色产业方面表现出强有力的领导作用,并组织企业建设了一个 25.27 hm^2 的"家装产业社区"。从目前的情况来看,毫无疑问,这是一个正确的决策,村委会将村庄中的大多数企业整合起来,并走上了高附加值、低环境恢复成本的产业发展道路。

成功的自组织需要强有力的村委会领导,他们能够协调乡村利益相关者在自组织社会网络中的利益偏好,以集体努力促进乡村产业的发展。单一的利益偏好或多重利益偏好之间的不协调注定会导致社会网络的不完整,从而不利于实现低环境恢复成本的整合。如果村委会领导力不足,将难以增加产业附加值,或者仅能在短期内实现产业附加值的增长。基于以上的讨论,我们提出了第二个假设:在村委会的大力领导下,协调各利益相关者的多重利益偏好,建立完整的社会网络,将有效、均匀地促进产业转型,提高生态效率。

5.4.3 村级自组织生态圈的建立

本案例研究为乡村产业转型和自组织的文献做出了理论贡献。首先,以群益村为案例,在中国乡村的背景下验证了产业转型与生态效率之间的因果关系。同时,我们发现自组织是促进乡村产业转型的重要驱动力和催化剂(He 等,2011;Hasanov and Zuidema,2018;Tittonell,2020)。因此,我们建立了一个概念性的理论框架,认为村级自组织对中国乡村产业转型的生态效率具有积极影响。其次,完整的社会网络、强大的村委会领导和乡村利益相关者的多元利益偏好促进了群益村成功的自组织产业转型过程。在成功的村级自组织的推动下,我们发现产业转型可以显著降低环境恢复的成本,提高产业附加值。图 5.5 展示了群益村的自组织生态系统,这也是理解发展中国家乡村高生态效率产业转型的重要视角。

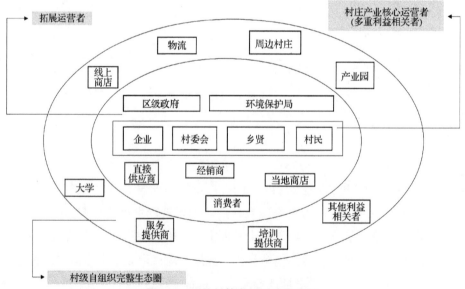

图 5.5 群益村的自组织生态系统

(资料来源:课题组自绘)

5.5 本章小结

本章以群益村为例,通过研究三个产业转型时期验证了产业转型对乡村产业生态效率的积极作用,并突出了成功的村级自组织在促进产业转型方面的关键作用。研究结果为乡村产业转型的自组织领域提供了重要的理论进展,对制定促进乡村发展的实际政策措施具有重要意义。

对于乡村规划者和政策颁布者,我们提出了实际建议。首先,建立旨在改善生态效率的明确规划政策至关重要,特别是对于那些传统产业为主的村庄。整合分散存在的低生态效率产业部门,形成集中的产业群,是提高生态效益的关键。其次,精确计算生态效率指标,针对生态效率较低的村庄,通过制定关键污染物的排放目标来制定有效的规划政策。政府可以通过多种机制如补贴、奖励和惩罚,鼓励自发进行产业转型以降低环境恢复成本和增加乡村产业附加值。最后,建立合理的沟通平台和村委会培训机制至关重要。支持乡村层面的自组织,特别是通过与所有利益相关者的沟通、理解、倡导和接受,以推动乡村层面的自组织倡议。政府也需要强化对村委会的支持,通过提供相应的培训来提高村委会的领导能力,这对确定乡村产业发展的方向和速度至关重要。

然而,本研究存在一些局限性,包括采用的单个案例研究方法的局限性和群益村地理位置的独特性。未来的研究可以通过探索多个自组织案例或采用更广泛的调查方法,以更全面地了解中国乡村地区产业转型战略及其在促进可持续发展中的作用。

第6章 案例2：华联村农业综合体建设助推和美乡村建设之路

本章通过杭州三墩"兰里"案例，研究在中国乡村如何通过产业融合来发展农业综合体项目，进而实现和美乡村建设。同时，基于产业融合与土地利用的相互影响，建立了农业综合体生态系统。研究首先定义了相关的概念或术语，包括农业综合体、产业融合和土地使用。接着介绍了案例公司的背景、面临的挑战和业务模式的演变，以及实现农业综合体产业融合的方法，本章还阐述了案例公司如何与政府各部门进行互动、竞争与合作，获取建设用地，这是该公司商业模式的关键。最后对案例的商业模式进行了展望。

6.1 研究背景

2016年3月，在浙江省西湖区，区政府计划把三墩镇的两个近郊村发展为中国美丽乡村建设的典型案例。由于村内留存珍贵的农业用地，华联村和绕城村在新一轮的城乡规划中不用搬迁，政府计划保留原有的乡村社区，将其建设为美丽乡村。政府在执行拆除村庄违章建筑、改善村庄人居环境的同时，计划利用现有农业资源，植入新型产业来发展乡村经济，比如发展农业综合体项目。

2016年7月，在这两个村的美丽乡村建设工程规划方案确立之际，政府遇到了难题：由谁来运营这两个村农业用地上的农业项目？因为在2016年，全国范围内农业综合体项目刚起步，在农业用地上发展现代农业、产业融合，缺乏系统的指导体系，也很少有社会资本敢尝试投资运营农业综合体项目。2016年8月，西湖区政府开始向全社会进行农业综合体项目的招标，计划以企业和地方政府合作的方式，在这两个村进行大规模整体规划、开发和运营。经理人杨所领导的杭州五生农业科技发展有限公司（简称五生公司）以"农业三产融合"策划案竞标成功。

2017年1月，五生公司作为该农业项目的唯一运营方，开始了农业综合体的建设（图6.1）。2017年10月18日，在乡村振兴的背景下，五生公司的农业项目迎来了更好的政策环境，进一步联合政府各职能部门、村集体一起发展农业项目。

在这个案例中，农业综合体项目发展亟须突破的两个问题：如何通过产业融合来实现都市农业休闲公园？发展多功能农业过程中，如何克服土地利用政策带来的挑战？

下文首先介绍农业综合体的研究现状，然后介绍五生公司的背景，面临的挑战，以及解决这些问题的方法——商业模型的演变。最后，在商业模型中提炼出商业生态圈，总结出农业综合体产业融合的路径。

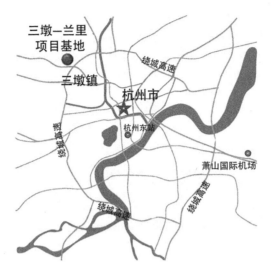

图 6.1　五生-兰里项目区位图

(资料来源：课题组自绘)

6.2　农业综合体

国内的农业综合体的完整概念由两院院士陈剑平于 2012 年提出。这个概念是针对发展现代农业的四个条件(政策、科技、投入、市场)，在农业园区模式基础上提出的，也是美丽乡村的新模式。农业综合体的发展主要有四种模式：以村、产业园、企业、产业为依托。农业综合体的发展可以辐射带动周边乡村农业的发展。

而后，2017 年中央一号文件《关于深入推进农业供给侧结构性改革加快培育农业农村发展新动能的若干意见》提出了田园综合体的概念，对农业综合体的建设给出系统性的指导。田园综合体作为农业综合开发的一种新尝试，为农业供给侧结构性改革提供了有益探索，比农业综合体更能体现"综合开发"的特征。2017 年 10 月，习近平总书记在党的十九大报告中提出乡村振兴战略，总方针是坚持农业农村优先发展，总目标为农业农村现代化。田园综合体作为乡村振兴的载体，也是新型的乡村经济组织模式，受到国家政策和资金的支持。2017 年 12 月，我国产生了第一批国家级田园综合体项目，如无锡东方田园、浙江鲁家村等，这 10 个项目每年获得 5 000 万元的中央财政支持资金和 2 000 万元省财政支持，资金连续支持 3 年。因此，许多农业综合体项目走上了申报国家级田园综合体之路。

在西方文献中，农业综合经营常常被认为是多功能农业或农业多样化。多功能农业指的是农业活动的功能超出了生产粮食的作用，扩展到管理可再生自然资源、景观和对乡村地区社会经济活力的贡献等功能(Renting 等，2009)。农业多样化是指利用农业资源(如土地、劳动力和资本)不以生产收入为目的而集中用于传统作物和牲畜;相反,资源被分配到其他非农业活动,包括农业旅游、提供社会服务、能源生产、加工和直销活动(Meraner 等,2018)。农业多样化和多功能农业的重点因国家和地区的不同而不同。例如,在法国,通过维持乡村地区的就业水平,农业的社会、文化和经济功能受到了很大的关注;而在荷兰,生态系统服务和休闲农业得到了很大的重视。

作为中国产业融合概念的原型,日本第六产业是 20 世纪 90 年代日本农学家今村 Naraomi Imamura 针对日本农业发展困境而提出的。这一概念鼓励农民从事多样化的经营,即不仅从事农业(第一产业),而且从事农产品加工(第二产业)和销售农产品和其他加工产品(第三产业),以获得更多的附加值;它为农业和乡村的可持续发展带来了光明的前景。按照行业分类,"1+2+3"以及"1×2×3"等于 6,这就是"第六产业"的内涵。

实现多功能农业是产业融合的必由之路。农业是第一产业,依托二产、三产,可以发展成为多功能农业,实现生产的协调发展。未来,农业综合体的建设(如乡村产业融合发展示范区)将是我国城乡一体化发展改革的重要方向。2019 年 12 月,中央政府启动了"国家城乡一体化发展试验区",计划在试验区选定的工业园区和功能区率先创建城乡产业协调发展示范区。重点优化提升特色城镇、美丽乡村和各类农业园区,打造一批城乡一体化发展的典型项目,实现城乡生产要素的跨境流动和高效配置。

6.3 案例的选择

五生公司成立于 2016 年 10 月 8 日,注册资本金 7 亿元,总部位于杭州市三墩镇西园八路的杭州数字信息产业园,是一家集农业产业开发、农产品物流加工、休闲观光农业开发和现代旅游农业研发于一体的现代数字农业公司。公司业务涉及农业种植技术推广,蔬菜、花卉、苗木、果树种植,农业观光旅游,初级食用农产品的批发、进出口,自有场地出租等,拥有下属企业杭州五生鲜花港市场管理有限公司。

五生公司总经理为来自台湾的杨明寿,拥有 30 年的农业运营经验,担任过 4 年旺旺集团农业发展委员会营运总监,成功运营过江西上饶和浙江象山的农业产业园项目。在管理层的领导下,五生公司以"生态、生产、生活、生技、养生"结合的三产融合为经营理念,与杭州市农业科学研究院、浙江大学、台湾南投县农会、中国投资协会绿色发展中心等单位紧密合作(合作方式包括交换数据、共享资源、接受技术支持)。

2017 年 1 月 13 日,五生公司与杭州市西湖区政府签订《杭州三墩现代农业产业园和农业总部经济项目合作框架协议书》,正式确立文旅项目的运营权。五生农业项目总计划投建 20 亿元,以企业和地方合作的方式,在乡村进行大规模整体规划、开发和运营。拿下项目的时候,公司负责人立下宏伟目标:"这个城市农业休闲公园将用一二三产融合的方式打造。我还有一个伟大的梦想,通过打造一个成功的城郊乡村的农业综合体样板,可辐射周边和远郊乡村,最终形成一个完整的中国乡村振兴样板。乡村振兴的核心目标是三产融合。"

2017年2月,五生农业综合体规划项目审批通过。计划以农业为主导,融合工业、旅游、物流等产业形成,打造资源整合、扩大产业价值的复合型产业综合体。规划目标是在城乡一体化格局下,顺应乡村供给侧结构性改革、新型产业发展,结合乡村土地产权制度改革,助推乡村现代化、新型城镇化及城乡经济全面发展的模式。

2017年3月31日,杭州五生农业科技发展有限公司与杭州兰韵农业发展有限公司签订《杭州三墩现代农业产业园和农业总部经济项目投资合作协议书》,顺利完成两个村的土地流转。农业项目的用地范围为华联村和绕城村辖区内4 000亩农业用地。华联村和绕城村是两个相邻的村,位于杭州市西湖区三墩镇的城郊接合部。这两个村共有农户1 500户,常住人口4 839人。

五生公司于2017年5月31日在农业用地上开始建设农业综合体项目。在2018年1月"两岸嘉年华"和"鲜花港"(均为生产设施大棚)开业,农业综合体项目开始试运营。在2018年9月,经过1年多的建设和半年多的运营,五生公司运营的农业综合体项目获批省级现代农业产业园,在浙江省具有很高的知名度。

2018年10月1日,农业综合体项目一期建设完成并开放。该时期建设完成10万 m^2 温室大棚,12组台湾风情街货柜屋建设,1 500亩农田绿肥播撒及68亩花海种植工作,发展旅游业。这个时期的农业综合体项目增加了兰里景区项目,兰里景区是以农业产业为依托的农业旅游景区。在2018年12月底,兰里景区获批浙江省AAAA级旅游景区。

2019年9月,农业综合体的5个农业子项目成功运营,乡村社区实现产业兴旺、生态宜居、农民增收。2017年至2018年,乡村村集体经济增长率为2.98%,农民人均收入增长率为10.06%,获得一定的区域影响力。富阳政府慕名而来,寻求农业项目的合作开发。股权变更的最大转折点发生在2019年11月底,五生公司和国企北京蓝田公司签订股权转让框架协议,未来,五生公司将和国企共同运营农业综合体项目。

目前,五生农业综合体项目获得了政府、村民与社会的高度肯定。该综合体是2018年浙江省两区(粮食生产功能区、现代农业园区)会议的主办方,在2018年8月获浙江省级现代农业产业园称号。项目以农业景观为区域特色,以农业产业为依托,于2019年12月获批国家级AAAA级景区,吸引100多万人次的游客,提供村民就业岗位近千个。2019年底,五生公司和国企签订股权转让框架协议,共同发展农业综合体项目。杭州市西湖区农业农村局局长谢素勤这样形容:"五生农业综合体是乡村振兴、三产融合的典范。验证了在城郊乡村发展三产融合的农业综合体项目是正确的选择。省级现代农业产业园创建的条件很高,浙江省有89个县(市、区),目前每个县省级现代农业产业园平均不到1个。五生项目于2019年10月通过一期验收,评估获得全省最高分,这是很不容易的。此外,省两区会议每年1次选1个地方开,能成为会议地点也是很高的荣誉。"

从项目规划到产业化运营,五生项目一直面临两方面挑战:一是产业发展,需要考虑一产、二产、三产如何融合发展,如何处理和各合作方合作与协作的关系,如何获得盈利。二是土地管理,问题来自产业发展与土地指标的关系——如何获得建设用地指标?为了应对这些挑战,在不同的发展阶段(表6.1),五生公司的商业模型不断地演化发展。

表 6.1 五生公司大事件

时间	事件
2016 年 10 月 8 日	杭州五生农业科技发展有限公司成立
2017 年 1 月 13 日	杭州市西湖区政府与杭州桦桐集团签订《杭州三墩现代农业产业园和农业总部经济项目合作框架协议书》(杭州桦桐集团为杭州五生农业科技发展有限公司的母公司)
2017 年 3 月 31 日	土地流转:杭州五生农业科技发展有限公司与杭州兰韵农业发展有限公司签订《杭州三墩现代农业产业园和农业总部经济项目投资合作协议书》(杭州兰韵农业发展有限公司由西湖区委托三墩镇政府成立)
2017 年 5 月 31 日	杭州三墩现代农业产业园和农业总部经济项目正式开工建设
2017 年 7 月	19 个子项目立项
2018 年 1 月	两岸嘉年华和鲜花港开业
2018 年 8 月	文旅部门协助参与打造 AAAA 级景区建设
2018 年 9 月	获批"省级现代农业产业园"荣誉称号
2018 年 10 月	杭州三墩现代农业产业园一期开园
2018 年 10 月 1 日	兰里景区开园
2018 年 12 月底	兰里景区获批浙江省 AAAA 级景区
2019 年 3 月 31 日	杭州五生农业科技发展有限公司与浙江大学数字农业与乡村信息化研究中心签订产学研战略合作协议
2019 年 9 月 26 日	精油观光工厂动工典礼
2019 年 11 月	五生公司和国企北京蓝田公司签订股权转让框架协议
2019 年 12 月 26 日	获中国浙江现代农业风云榜"休闲创意奖"
2019 年 12 月 31 日	兰里景区通过国家级 AAAA 级景区验收

(资料来源:课题组自绘)

6.4 商业模式的演变

商业模型可以将企业的新想法和新技术商业化,提高企业的竞争优势(Chesbrough,2010)。本案例基于一个通用的商业模型结构,包括 9 个基本模块(Osterwalder and Pigneur,2010)。目前,五生公司业务发展发分成 4 个阶段:诞生、发展、主导和竞合阶段。在每一个阶段,五生公司都形成一个独特而创新的商业模式,这体现了五生公司始终以产业融合为运营核心理念的发展目标、经营战略和相应的实践,也是整个农业项目产业融合的过程。

6.4.1 诞生阶段(2016年10月—2017年6月)

在这个阶段,五生公司主要进行产业策划与规划的工作,开始一产的建设工作。同时,农业项目所在的两个村在政府主导下进行美丽乡村的建设,包括乡村社区的违章建筑拆除、外立面整治、道路拓宽、景观改造及基础设施,为五生农业项目的植入做准备。

2016年11月,五生农业项目在政府提供的美丽乡村建设方案基础上,优化了产业布局。首先,根据土地性质分东、中、西三大块,进行一产、二产、三产的产业布局。产业园东区的农用地土地质量较差,规划成810亩的农业生产大棚,种植花木,还有68亩的创意风情街,以花卉种植、展示、交易为主。在中部地区,基于连片的农田,划出1 920亩农田进行农业种植及种植体验。西区以观光工厂及主题庄园为主(共803亩)。为了加快建设效率,项目还进行了建设进度的规划。一期范围含三个区块的出入口位置,也是离人流资源最近的区域,包含市民体验中心、花木大世界与香草工厂项目,分别是以三产、二产和一产为主的项目。

在2016年12月,政府划拨给五生公司60亩村集体存量建设用地的使用权,和村集体合作运营,以此作为农业生产的服务配套用地。根据农业设施建设用地的最高配额,再除以每个子项目的农业设施建设用地上,农业项目最终规划成19个子项目(图6.2,表6.2)。2017年3月,五生公司从三墩镇政府下属的兰韵公司流转农业用地5 078亩,除去景观节点、河道,首期20年,开始农业项目建设。

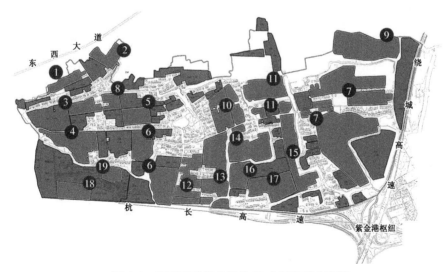

图6.2 三墩现代产业园的19个子项目分布图

(资料来源:课题组自绘)

表 6.2 三墩现代产业园的 19 个子项目情况

序号	名称	内容	产业融合类型
1	市民体验中心	农场体验、休闲旅游观光、亲子活动体验中心	1+3
2	假日集市	农产品嘉年华	1+3
3	玫瑰香镇	摄影服务、草坪典礼	1+2+3
4	魔法庄园	亲近自然的活动营地	1+3
5	大色块蔬菜种植基地	种植基地	1
6	快乐大本营	体验性农园	1+3
7	花木大世界	五生鲜花港,25 万 m² 温室大棚	1+3
8	梅子故事馆	观光工厂、种植园	1+3
9	天景水生植物园	观光活动体验	1+3
10	瓜果酵素庄园	种植基地、生活体验馆	1+2+3
11	水果丰收乐园	采摘体验、亲子制作课程	1+3
12	两岸农创艺术公社	以艺术为主题的大型平台	1+2+3
13	现代农业科技园	科技示范、科普教育体验农业、成果转化推广示范基地	1+2
14	半岛农事体验园	农事活动体验	1+3
15	五生农业迪士尼	农业科技娱乐互动体验	1+3
16	亲子马术体验营地	马术体验	1+3
17	亲子运动庄园	集体验农业、亲子拓展、体育产业相结合	1+3
18	循环农业	农业资源往复多层与高效流动的现代农业	1+2+3
19	两岸农青创业试验田	农业创新发展试验田	1

(资料来源:课题组自绘)

在商业模型形成的初期,农贸市场和餐饮公司是重点经营主体,主要是线下市场进行初级农产品销售。这个阶段的策略是重点发展农业生产与建设(一产),为二产、三产打基础,如在综合条件不好的地块建设农业生产设施大棚,未来增加租金收入。其次,公司在成立之初,就规划进行农产品运营,平衡办公场地的运营开支,但由于地方政府土地政策滞后,没有统一的实施细则。如对于农业项目地方政府要求先建设再立项,立项合法后再给农业生产补贴,项目前期投入大。基于特殊农业(如现代农业产业园等)的立项政策,五生公司开始申请农业项目立项,发展现代农业产业园与农业总部经济模式,还通过承办相关会议、媒体宣传扩大项目影响力,引起政府注意,争取更多的政策支持。

在成本结构方面,最大的开支来自土地管理费用支出,每年一付的土地租金(每亩2 000元/年)。发展一产的成本也占据了很大一部分,项目成本主要来自种植成本、人工成本、子项目内基础设施建设(如修路)和企业内部运营管理成本(如规划、技术、物流及人工工资等)。同时,五生公司还让农户加入农业生产,建立信任机制,农户在地就业,降低农业发展成本,具体表现为与种植大户合作和组成村—生产小组—农户合作模式。

这个阶段的收入来自四部分:一是少量的初级利用品牌推动初级农产品销售,为知名火锅店提供蔬菜;二是项目分包租金收入,来自农业种植大户的土地租金;三是小麦补贴、轮种补贴等农业生产补贴维系项目运营;四是在办公场地宣传地域文化,进行农特产成品销售(线上+线下)。总体来说,该阶段的投入很大,亏损严重(表6.3)。

这个阶段的经验说明,农业运营企业在成立之初的投入非常大。商业模型的关键模块是农业产业类型,也是下一阶段收入的重要来源,所以项目策划很重要。其次,还要考虑如何在企业成立之初就能开始运营。这个阶段土地管理上没有什么特殊之处。项目以农业生产为主,必须符合国家土地政策。这个阶段,与三墩镇政府签订的项目合同中,用作生产配套的60亩建设用地还未落地。

表6.3 诞生阶段的商业模型

关键合作伙伴: • 地方政府(如西湖区政府、三墩镇政府) • 村集体、村民 • 合作运营方(如造景公司) • 五生公司农业项目初期投资者 • 承包方(如设施供应和道路建设方)	关键活动: • 重点发展农业生产与建设(一产) • 农特产成品销售(线上+线下) • 争取农业补贴和项目补贴 关键资源: • 政府政策 • 运营者资源 • 合作运营方资源	价值主张: • 发展一产,为二产、三产打基础 • 以农业生产补贴维系项目运营	客户关系: • 初级农产品销售 • 少量深加工农特产销售 • 项目分包 渠道: • 线下市场 • 电商	客户细分: • 农业种植大户 • 农贸市场 • 餐饮公司
成本结构: • 土地管理费用支出 • 发展一产成本 • 企业内部运营管理成本 • 合作运营方费用支出		收入来源: • 初级农产品销售收入(如紫甘蓝销售收入) • 项目分包租金收入(农业种植大户的土地租金) • 农业生产补贴:种植补贴(小麦补贴、轮种补贴) • 农特产品销售收入(线上+线下)		

(资料来源:课题组自绘)

6.4.2 发展阶段(2017年7月—2018年7月)

这个阶段重点发展农业生产与建设,包括一产和三产。完善农业生产设施大棚设备,增加租金收入。鲜花港是花木生产、销售和展示的场所,也是这个区域的花卉市场。五生公司根据现代农业产业园的标准建设完成钢结构连片大棚,并配有高科技种植系统和监控设备,用于种植珍稀花卉(兰花)和水果(火龙果等)。

在项目建设初期,五生公司便开始开发下游产业的阶段,寻找合伙人,引入大量下游企业。公司决策层认为产业发展,不仅需要和企业个体合作,更需要和协会等产业组织合作。协会组织是产业集群的体现,可以快速发展农业项目供应链的上下游产业,加速产业融合。

为了更好地发展鲜花产业,五生公司成立管理公司专业化管理大棚。2017年7月,杭州五生鲜花港市场管理有限公司成立,是五生公司的下属公司,主要进行物业管理、承办会展,进行苗木种植、承接环境工程、园林绿化工程、承接花卉租赁等业务。管理公司通过线下销售与跑市场,增加鲜花批发与零售业务,重点拓展进口花卉的进货渠道、销售渠道。

在农业用地上,五生公司在农业种植基础上拓展农地体验项目,包括大色块蔬菜(彩稻、绿甘蓝、紫甘蓝)种植基地项目,为都市人群设立挖红薯、挖土豆等体验项目。除了自己种植,还将基本农田与部分一般农田转包给农业种植大户。此外,还积极争取农业补贴与项目立项,以农业生产补贴维系项目运营。

五生公司的客户有四类:鲜花经销商、鲜花港承租方、农业种植大户及散户和观光休闲的游客。具体为鲜花港承包大户3家,以鲜花种植、零售为主,从2017年7月开始合作至今。在农业用地上,合作的农业种植大户有1个,以基本农田水稻种植为主,地租500元/(亩·年),从2017年3月开始合作至今。还有农业种植散户2家,以园艺种植为主,租金3 600元/(亩·年),从2018年1月开始合作至今。

在成本结构方面,开支主要是土地管理费用支出。发展一产的成本也占据了很大一部分项目成本和企业内部运营管理成本。在收入部分,除了常规的农业生产补贴,项目租金收入成为重要的增收来源,包含鲜花港大棚租金、农业种植大户土地租金,还有少部分批发与鲜花零售收入。

在这个阶段,五生公司有鲜花港大棚租金、鲜花批发与零售收入,但亏损依旧较严重(表6.4)。公司在土地管理方面,加快完成鲜花大棚项目的建设工作。鲜花大棚建设符合当时的国家土地政策。同时,五生公司一直在向各层级政府部门申请,争取用作生产配套的60亩建设指标的落地。

表 6.4 发展阶段的商业模型

关键合作伙伴：	关键活动：	价值主张：	客户关系：	客户细分：
• 地方政府(如西湖区政府、三墩镇政府) • 村集体、村民 • 合作运营方(如造景公司、鲜花港管理公司) • 五生公司农业项目初期投资者 • 承包方(如设施供应和道路建设方)	• 完善农业生产设施大棚设备,增加租金收入 • 成立鲜花港管理公司,运营农业大棚 • 农业用地转包 • 争取农业项目立项 **关键资源：** • 政府政策(设施用地指标,设施补贴) • 运营者资源 • 合作运营方资源	• 发展一产,为二产、三产打基础 • 以农业生产补贴维系项目运营	• 出租(鲜花港大棚) • 批发与零售(鲜花) • 项目分包(农业种植大户) **渠道：** • 线下展销会 • 线下市场	• 鲜花港承租方 • 农业种植大户、散户 • 鲜花经销商 • 游客
成本结构： • 土地管理费用支出:土地租金(每亩 2000 元,20+30 年,3 年一交) • 发展一产成本:种植成本、人工成本、子项目内基础设施建设(如修路)成本 • 企业内部运营管理成本 • 合作运营方费用支出				**收入来源：** • 在办公场所农产品销售收入(线上+线下) • 项目租金收入(鲜花港大棚租金、农业种植大户土地租金) • 批发与零售收入(鲜花收入) • 农业生产补贴:种植补贴(小麦补贴、轮种补贴)

(资料来源:课题组自绘)

6.4.3 主导阶段(2018 年 8 月—2019 年 1 月)

在这个阶段,五生公司开始重点发展旅游业,将一产和三产融合,这也是农业项目面对市民全面开放的时期。公司负责人进一步明确了运营目标,以一产农业生产为基础,重点发展三产吸引游客资源,提高农业休闲项目的收入。

五生公司改变战略,开始和新的运营集团联合。在合作伙伴上,除了长期合作的村集体、杭州市花卉协会和建设方,五生公司开始和政府企业、下游企业与学界合作。五生公司开始和西湖文旅集团合作运营农业项目的旅游部分。西湖文旅集团由杭州市西湖区区政府出资,在 2018 年 1 月成立,集团董事长原是西湖区旅游局局长,拥有成熟的游客资源和教育、体育资源,运营着西湖区旅游景区和运动场馆。西湖文旅集团是企业性质,但与政府关系紧密。由于文旅集团没有农业种植经营项目,也没有农业项目的运营经验,所以这个阶段是以五生公司为主,文旅集团以协助运营的角色加入农业综合体项目,负责部分文旅观光、体验项目,如东游客中心(建设+运营)、北游客中心(建设)、游船码头(建设+运营)、绕城村文化礼堂(建设+运营)。

子项目的运营合作者主要来自台湾,以台湾风情美食街商户为主。五生公司将土地使用权和商户合作,经营商业用房。五生公司这个阶段也开始和学界合作,与杭州计算机学校联合开发都市农园的 App"乡村宝",接受都市人群通过互联网租用蔬菜园,用电商手段售卖初级农产品。发展社区支持农业(CSA)项目。同时,和浙江大学学者联合建设以乡村振兴为主题的研学课程,探讨乡村发展与规划。

五生公司在这个阶段开始建设资源整合的项目平台,为未来的融资做准备,所以,提高建设用地指标、增加项目开放的数量以及提升农业项目的声誉是这个阶段五生公司的工作重点。为了突破建设用地指标短缺等难题,五生公司增加了弹性建设用地(如房车营地和集装箱餐厅),通过移动用房的项目,逐步跟政府申请增加村集体建设用地指标,成功申请到香草观光工厂用地。同时,其开放了农业项目建设投资,包括花木大世界项目运营(试营业)投资、太空农场(试营业)投资、台湾风情街项目(试营业)投资、都市蔬菜体验庄园(种植+试营)投资、快乐大本营(试营业)投资。同时,通过政府的政策支持,获批省级现代农业产业园项目、国家AAAA级景区项目,扩大项目的影响力。加强新媒体的宣传,获得更多的社会关注、政府支持。

这个阶段的客户类型比较丰富,有作为农地承租方的农业种植大户、散户,农业生产大棚里的鲜花、蔬果经销商,来自城市社区的都市菜园租户,来自城市的游客,还有以政府官员、农业项目运营者为对象的乡村振兴研学团。

在成本结构方面,开支和上一阶段差不多,但收入来源增加了许多。运营成本主要来自土地管理费用支出、发展一产的成本和企业内部运营管理成本。在收入部分,除了农业生产补贴,农地项目租金收入、鲜花港大棚租金等,大量的收入来自和文旅集团合作的项目,如旅游观光车、体验、研学、游客服务中心展销的农产加工品。此外,这个阶段的获农业生产补贴收入可观,省级现代农业产业园项目、国家AAAA级景区项目、大棚项目的补贴都在这个阶段获批。因此,该阶段投入少,收入较之前阶段有很大的提升(表6.5)。

表6.5 主导阶段的商业模型

关键合作伙伴:	关键活动:	价值主张:	客户关系:	客户细分:
• 地方政府(如西湖区政府、三墩镇政府) • 村集体、村民 • 合作运营方(如造景公司、鲜花港管理公司、文旅集团、学术机构) • 承包方(如设施供应和道路建设方) • 五生公司农业项目初期投资者	• 一产、三产融合发展 • 争取建设用地指标(二产、三产) • 现代农业产业园申报成功,续报项目 **关键资源:** • 政府政策 • 运营者资源 • 合作运营方资源	• 项目重点发展一产、三产 • 建设二产项目 • 突破建设用地指标短缺等难题 • 提高项目数量与声誉	• 项目分包 • 批发与零售 • 文旅项目 **渠道:** • 线下展销会 • 线上宣传 • 线下市场	• 农地承租方 • 蔬菜、鲜花经销商 • 消费者(城市社区、旅客、研学团,如学生、政府官员、农业项目运营者)
成本结构: • 土地管理费用支出、土地租金 • 发展一产成本 • 企业内部运营管理成本 • 合作运营方费用支出(造景公司)		**收入来源:** • 在办公场所农产品销售收入(线上+线下) • 项目分包收入(农业种植散户+开放的子项目收入) • 批发与零售收入(鲜花、蔬菜、游客服务中心展销农加工品收入) • 农业生产补贴:种植补贴(小麦补贴、轮种补贴) • 文旅项目(旅游观光车、体验、研学收入 • 农业生产补贴、项目立项补贴		

(资料来源:课题组自绘)

在这个阶段的土地管理方面,受国家强化农业生产设施用地制度和"大棚房"整治影响,鲜花大棚接受了整改,从销售模式转变为农业生产大棚。同时,五生公司向各层级政府部门申请用作生产配套的建设指标,成功落地28.3亩,并确定好了位置与面积。由于项目升级成景区,景区配套的建设用地指标属于西湖文旅集团,五生公司不能直接用。于是公司想办法达成与西湖文旅集团合作协议,可以免费共享建设用房,用于接待和商品展示等。

6.4.4 竞合阶段(2019年2月至今)

五生公司和西湖文旅集团经过半年的磨合期后,进入竞争与合作并存阶段。该阶段明确了双方适合的运营内容,联系更加紧密。这个阶段五生农业项目全面实现三产融合。这个阶段,五生公司负责的项目的数量没有明显增加,但西湖文旅集团的三产项目在数量、类型上提升很快,人气有赶超五生公司的趋势。同时,兰里景区虽然是依托五生农业项目存在,但在新媒体渠道上,西湖文旅集团的曝光度大过五生农业项目。特别是在2019年底,西湖文旅集团申报的兰里景区获批国家AAAA级景区,关注度大过此前五生公司获得的中国浙江现代农业风云榜休闲创意奖。

五生公司运营战略的转折发生在2019年2月,公司负责人杨明寿提出联合"黑熊"公司运营五生的农业项目,由五生公司专门负责农业生产。同时,"黑熊"公司作为运营部门协助五生公司,开始了和西湖文旅集团的博弈。博弈的问题集中在二产、三产建设用地的获取上。

在建设用地指标的获取上,五生公司和西湖文旅集团各获得了一定的项目配套建设用地指标。二者共同建设浙江省AAAA级景区,获批后获得了一定的建设用地指标,作为景区的服务配套。兰里景区项目(如农业旅游、研学)由文旅运营。此外,景区内还增加了二产、三产的旅游场所,是文旅通过租用农民房,将其改造成民宿、乡村印象馆、面包工坊、米博物馆等运营。五生公司获得的建设用地指标不多,承租农民房一幢改造成五生食堂(餐厅)。随后,在2019年9月获批三产建设用地指标(美食街),获批香草观光工厂作为二产建设用地指标。2019年9月,精油观光工厂动工,这是五生农业项目一产、二产、三产正式融合的开端。

这个阶段,五生公司的商业模型发展策略是通过增加项目、增加建设用地指标,继续把项目盘做大。五生公司认为,博弈和共赢并存。因为把每条产业链做长,就能增加项目资产的估值,真正实现三产融合。在单个产业的深度广度上,五生公司增加了农业项目的类别,调整农业项目的内容。比如2019年5月,五生公司增加都市果树体验庄园项目。另外,鲜花港项目鲜花种植与销售部门,针对都市高消费群体,增加高价台湾水果的采摘与售卖活动。

除了在三墩发展,"黑熊"公司以五生农地运营的经验为模版,开拓外地市场。一方面在浙江的二、三线城市寻找运营合作项目,和富阳区政府签订了合作协议,也与义乌市政府开展农业综合体的初期谈判;另一方面加强和国企的合作洽谈,寻找融资的机会。在 2019 年 11 月,五生农业项目的资产评估达到 5 亿元,并和国企北京蓝田公司签订股权转让框架协议。

五生公司在这个阶段的投入较少。没有农业项目立项的补贴,因此收入没有前一阶段多(表 6.6)。与上一个阶段相比,这个阶段的运营成本增加了两部分:建设用地上的房屋的建造成本,承租农户的用房和装修费用。收入方面,除了农业观光、体验、研学等一产、三产的收入,还增加了商业性质的收入。2019 年 9 月,鲜花市场营业执照获批,所以这个阶段的主要收入来自鲜花港大棚租金、鲜花批发与零售(图 6.3)。

在这个阶段的土地管理方面,五生公司开始在建设用地上建设房屋。但房屋的高度需要和三墩镇、西湖区农业农村局、西湖区规划和自然资源局进一步协商。同时,农业项目所在的村获得了全域土地综合整治后产生的增量集体建设用地指标 160.82 亩。五生公司在积极争取配额,并将规划上报给政府,纳入 2019 年村规,期待建设用地指标能兑现。

表 6.6 竞合阶段的商业模型

关键合作伙伴: • 地方政府(如西湖区政府、三墩镇政府) • 村集体/村民 • 合作运营方(如造景公司、鲜花港管理公司、"黑熊"公司) • 承包方(如设施供应和道路建设方) • 五生公司 • 五生公司农业项目投资方 • 其他地方政府(如富阳区政府) • 学术机构(如浙江大学) • 鲜花、蔬菜生产交易方(如种苗供应商和贸易商)	关键活动: • 联合"黑熊"公司运营农业项目 • 争取建设用地指标 • 发展一产 • 发展二产 • 发展三产 • 续报农业项目争取补贴 关键资源: • 运营者资源 • 合作运营方资源	价值主张: • 项目一产、二产、三产融合发展 • 增加项目估值 • 与西湖文旅集团在用地指标上展开博弈 渠道: • 线下展销会 • 线上宣传 • 线下市场	客户关系: • 项目分包 • 批发与零售 • 文旅体验项目 • 出租	客户细分: • 农地承租方(子项目运营企业、农业种植大户、散户) • 鲜花、蔬菜经销商 • 消费者(城市社区、旅客、研学团,如学生、政府官员、农业项目运营者)
成本结构: • 五生食堂房租(农民房一栋每年约 15 万元) • 发展一产成本 • 企业内部运营管理成本 • 合作运营方费用支出		收入来源: • 在办公场所农产品销售收入(线上+线下) • 项目分包收入(农业种植大户、散户+开放的子项目收入) • 批发与零售收入(鲜花、蔬菜、水果收入) • 农业生产补贴:种植补贴(小麦补贴、轮种补贴) • 文旅项目(旅游观光车、体验、研学、CSA)收入 • 五生食堂(租用农民房改建的餐厅)收入		

(资料来源:课题组自绘)

第6章 案例2：华联村农业综合体建设助推和美乡村建设之路

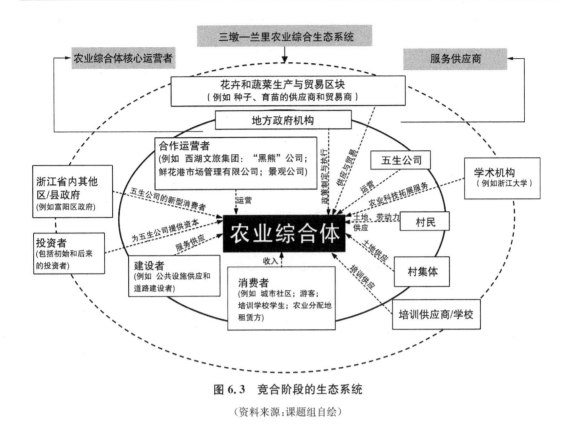

图 6.3 竞合阶段的生态系统

（资料来源：课题组自绘）

6.5 本章小结

五生公司未来基于一产、二产、三产融合，建构总部经济模式。总部经济指通过建立全国大公司、大企业集团总部及跨国公司总部或地区总部，建立指挥决策系统，发挥投资决策和产业配置、生产组织功能。未来，五生公司计划在我国最发达的3个城市集群长三角、京津冀、珠三角地区布局总部经济模式，通过区域总部等发展带动远郊乡村，再进一步辐射偏远地区的乡村。五生公司认为合理的乡村总部经济发展模式是以城郊乡村为中心，通过产业联动发展方式，以扇形的方向辐射远郊乡村。这也是中国乡村振兴的可持续发展模式，是一个三产融合的体系。

在三产融合和总部经济的关系上，五生公司根据地理空间划分出不同模式。首先，一线城市的城郊乡村具有地理位置和城乡资源互通的优势，适合一产、二产、三产融合发展，可将其定义为总部经济模式第一圈层。其次，离城市3小时以上的远郊乡村，适合发展一产，成为近郊乡村的初级农产品生产基地，为第三圈层的村庄。而处在近郊与远郊乡村之间的村庄，建设用地指标没有城郊乡村紧张，可建造农产品加工基地，适合一产和二产联合发展，处在总部经济的第二圈层。目前，五生公司把项目定位成长三角地区的区域总部。以此项目为依托和样板,五生公司已经与杭州富阳区签订农业项目的运营协议,和当地政府、村集体一起,以三产融合的模式继续拓展乡村振兴系统。这个区域,五生公司将可以获得更大的农业用地和更多的配套建设用地。目前,五生公司在和第三圈层的远郊乡村联系未来合作机会。

土地利用是政企关系的核心,也是五生商业模型的关键。表6.7展示了农业综合体项目给各合作主体带来的利好。五生农业项目的建设用地管理经验,可为国内外的乡村土地管理政策提供实践经验。

表6.7 项目给各合作主体带来的利好

主体	诞生阶段	发展阶段	主导阶段	竞合阶段
政府	政绩(美丽乡村建设)	政绩(美丽乡村建设、全域土地综合整治、扶贫农民增收)	政绩(美丽乡村建设,现代农业项目),获新增村集体建设用地指标,旅游项目收入增加	政绩(美丽乡村建设,现代农业项目,国家级景区),获新增村集体建设用地指标,旅游项目收入增加
五生公司	获得一个优质项目	获得农业项目补贴	获得村集体存量建设用地指标28.3亩,获得农业项目补贴	项目估值增加,融资成功,获得农业项目补贴
乡村社区	增加土地流转收入、提升乡村基础设施建设水平	提升乡村基础设施建设水平、环境变好	民房租金提高,农民可为农业项目工作	民房租金提高,农民可为农业项目工作

(资料来源:课题组自绘)

第7章 案例3:湖埠村产业与空间一体化模式

在建设宜居宜业和美乡村背景下,乡村的土地性质与使用现状往往限制产业的可持续发展,并造成乡村建设成本的二次浪费。本章以杭州城郊湖埠村农业综合体规划项目为例,基于全域土地综合整治视角进行产业与空间一体化模式营建探索,实践中首先将土地整治与产业重构对应,再以产业发展为导向进行乡村空间规划,建设规模农业、特色农业、智慧农业融合的艺术农业综合体。

7.1 湖埠村产业与空间发展的困境与机遇

7.1.1 城乡生产要素流动受阻的困境

党的十九大提出乡村振兴战略后,我国的乡村建设进入新时代。"产业兴旺"是乡村振兴的基础,产业转型及产业链的发展赋予乡村空间新的内涵,乡村以小农经济为主的传统农业发展受到时代的挑战,而三产融合可促进现代农业的产业发展,推进小农户与现代农业发展的有机结合。空间是产业发展的载体,"生态宜居"是乡村振兴的环境与空间基础,与"产业兴旺"相互影响,因此,乡村的产业与空间需要一体化规划来应对产业转型发展。

基于产业转型发展的视角,城郊乡村产业与空间发展之间的矛盾主要为用地指标有限使城乡生产要素流动受阻。首先,城郊乡村产业链发展、规模发展与用地之间的矛盾突出。与远郊乡村比较,城郊乡村的经济水平高,产业转型发展具有区位优势,可享受城市资源的辐射,但村内建设用地资源紧缺,存在分布散乱和利用率低的问题,影响三产融合的发展。其次,我国乡村用地大多存在性质混乱、权属不清、缺乏规划、违章严重等现状。以上两点令乡村难以导入劳动力、土地、资本等生产要素。

7.1.2 全域土地综合整治的机遇

全域土地综合整治的概念在2016年由杭州市国土资源局在双浦镇启动试点时提出,在2018年7月浙江省《实施全域土地综合整治助推乡村振兴战略行动计划工作方案》颁布后正式实施。

乡村的振兴需要生产要素往乡村土地流动,而全域土地综合整治是促使要素流动的前提。在现有乡村土地综合整治的基础上,实施全域土地综合整治与生态修复工程,对乡村生态、农业、建设空间进行全域优化布局,对"田水路林村"等进行全要素综合整治,对高标准农田进行连片提质建设,对存量建设用地进行集中盘活,对美丽乡村和产业融合发展用地进行集约精准配置,对乡村人居环境进行修复治理,逐步构建农田集中连片、建设用地集中集聚、空间形态高效节约的土地利用新格局,优化产业发展的空间载体。乡村土地经整治后达到一定的标准,再制定政策引导企业进入乡村土地上发展,有利于产业发展,增加劳动力与回流人群数量。

本书以城郊乡村产业与空间发展面临的问题为导向,对产业空间、土地整治相关理论进行梳理,再以杭州湖埠村农业综合体规划为例,归纳出全域土地综合整治背景下乡村产业与空间一体化营建模式,研究如何通过规划优化产业发展的空间载体,促进城乡生产要素流动,完善乡村规划体系。

7.2 案例概况

杭州湖埠村是浙江省杭州市西湖区双浦镇辖村,位于双浦镇沿山区域核心,北接艺创小镇龙山石壁矿山遗址公园,东南西分别与铜鉴湖村、灵山村、双灵村相接(图7.1)。区域面积 $3.4~km^2$,乡村劳动力就业以在家务农和进企业工作为主。村域四面环山,辖区内有一批风景旅游景点,距杭州市区 18 km,刚经历过美丽乡村建设阶段,是目前浙江全域土地综合整治工作的示范村之一。

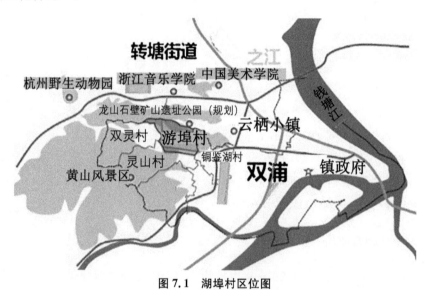

图7.1 湖埠村区位图

(资料来源:课题组自绘)

案例村在规划与整治前有大量的耕地,农田产业较单一。村内水网丰富,以水田和鱼塘为主,约计水田面积 650 亩,鱼塘 411 亩,分布较分散。全村有山林 3 753 亩,茶山面积 260 亩。林带空间产业较单一,利用率较低。目前有东西向穿越村庄的一条交通轴,村内道路系统不顺畅,许多道路被住宅院落所分割,较多"断头路"有待梳理整改。村落形态较完整,有大量违章建筑。建筑密度较高,朝向以朝南为主,存在部分"阴阳房"以及少量破损建筑。

7.3 营建策略

7.3.1 项目定位

湖埠村在规划阶段面临产业转型的挑战,项目的上位规划定位该地块为生态农业观光园,要求一产、二产、三产融合发展。而在乡村的建设用地上,村域内散布若干非农业,企业间相互独立无联系,休闲农业企业不能形成规模,休闲产业发展受限。

规划基于村内"田水路林村"与产业现状,结合生态农业观光园,将湖埠村定位为艺术农业综合体,融合周边艺术院校、艺创小镇、龙坞茶镇等资源,形成艺术特色浓厚的现代乡村,通过旅游助力农业发展来促进三产融合。

7.3.2 营建模式

本书基于全域土地综合整治视角,提出产业与空间一体化的营建策略。首先,在产业规划与空间规划之前,进行用地梳理,通过土地的流转与置换,提高土地的利用效率,释放出来的有效空间为下一步的产业植入创造了机会。其次,产业与空间一体化模式实质上是产业重构策略引导下的空间重构模式,由产业重构与空间重构两大模块构成,产业重构指建设用地与农业用地上的产业集群、产业结构的改变,主要表现为规模农业、智慧农业、特色农业、品牌农业以及乡村旅游业融合发展。空间重构指乡村空间的适宜性营建方式,特指随着产业转型发展,产业的承载空间在营建形式、形制上有相应变化,包含农业用地与建设用地上的所有空间。

7.3.3 土地利用规划

湖埠村农业综合体规划方案从土地梳理开始,将土地整治与产业结构调整相结合作为梳理原则,以生态文化旅游融合发展和都市现代农业为土地利用目标。村庄规划区域内土地性质以耕地和水塘为主(图7.2),这些用地也是艺术乡村综合体产业布置的基本依据。规划前,稻田与水塘被用于甲鱼养殖,影响生态环境与粮食安全。研究人员通过土地利用规划协调、建设用地指标平衡,完成了湖埠村的土地利用梳理工作。

土地利用规划协调工作人员对湖埠村的耕地面积与村集体建设用地进行了梳理。在耕地面积1 136亩里实现水塘复耕面积约342亩,同时,在村集体建设用地面积427亩中,梳理出可调配建设用地面积约44亩,土地整理指标增减挂钩约50亩,有利二产、三产发展(图7.3)。建设用地指标平衡规划以村民为利益主体,新增3个组的村民文化礼堂、邻里中心、炒茶中心,根据现状进行独立分布,利用可调配建设用地面积,冯家组拟建约4.5亩,张余组拟建4.5亩,而姚家坞组拆除现有建筑,就地起建,拟建约5亩(图7.4)。

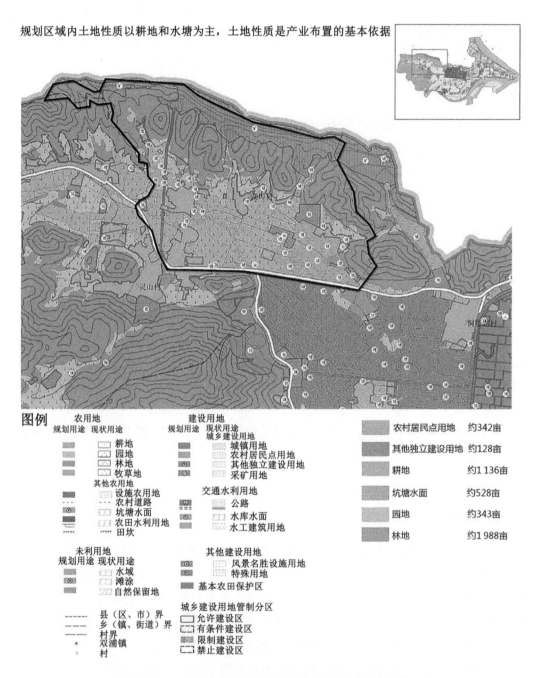

图7.2 上位土地利用总体规划(2006—2020年)局部图

(资料来源:课题组自绘)

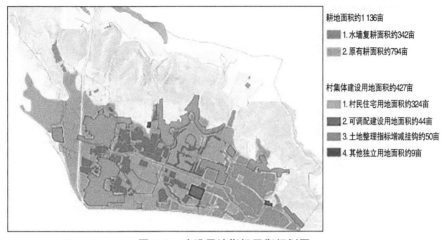

图 7.3 建设用地指标平衡规划图

（资料来源：课题组自绘）

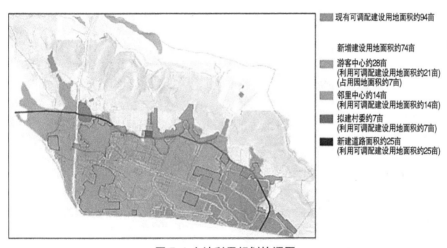

图 7.4 土地利用规划协调图

（资料来源：课题组自绘）

7.4 产业与空间一体化模式

7.4.1 产业重构

产业重构指不断加快转变农业发展方式，加快制造业内部的战略性结构调整，在"互联网＋"框架下将现代服务业作为三产发展重点。乡村产业重构要求在对产业格局简化、优化、改造、重构和创构的过程中，达到产业结构优化的目标，需要做到产业结构升级、产业规模合理化与产业链改良。产业重构的目的是解决乡村经济可持续发展的三个主要问题：资金问题、劳动力问题与土地问题。

湖埠村的产业重构有三个基本方向:产业结构升级、产业规模发展和产业链改良。在产业结构方面,湖埠村的艺术农业综合体以艺术农业为核心,通过土地流转集中用地,引进智慧农业项目,规模化发展科技农业产业化,再利用艺创小镇区位优势发展特色农业,融合形成艺术+农业的产业模式,由规模农业、特色农业与智慧农业三个方向协作发展(图7.5)。

产业规模上,湖埠村通过土地流转发展规模农业,结合特色产业促进乡村一产、二产、三产融合发展。项目发展规模农业、智慧农业与艺术农业,结合农产品加工(第二产业)配合观光农业、民俗博览、民宿体验等艺术农业发展(第三产业)(图7.6)。

产业链的改良上,艺术农业是湖埠村农业综合体的特色产业,凸显湖埠村的区域特色。除了继承传统产业文化的馈赠外,该村的农业发展整合周边旅游、艺术、科技、资本等丰富资源,充分利用山形地势,把稻田变成舞池,实现艺术与大地的碰撞、创作者与耕作者的协作,实现传统农业升级、强化核心资源优势、引进战略性新兴产业、控制产业的数量、控制产业的比例、实现资源优化配置、增加产业链的科技含量及创造延伸产业。艺术形式由视觉艺术(建筑、雕塑、绘画、书法)、听觉艺术(音乐)、视听艺术(戏剧、舞蹈)构成,大地元素有田地、水体、农作物、苗木、道路。

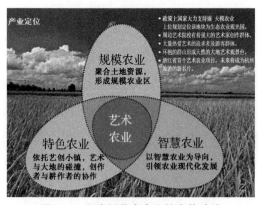

图7.5 湖埠村艺术农业综合体功能

(资料来源:课题组自绘)

图7.6 艺术农业综合体功能详解

(资料来源:课题组自绘)

7.4.2 空间重构

本书的空间重构指由产业重构引起的空间形态的改变。传统产业经济学研究资源的优化配置关系着眼于区域经济与产业的发展,并没有明确提出与区域空间结合研究的方法。乡村空间重构指在乡村空间格局规划之前,先进行产业结构的规划,并将社会环境、经济环境、自然环境三个系统的"适应"与"共生"状态引入产业的空间格局。

传统的乡村规划设计理论与产业结构是二元状态。乡村建设往往只是在居住环境上提升,与乡村的经济活力没有直接关系。通常,各种乡村规划都是自上而下发起的,中央部门定方向,由地方政府实施,设计院按市场行为接受设计任务,很少有设计师去思考各种乡村规划的深层目的。乡村规划的目的在中央涉农文件中经常被提到，做乡村规划如果不充分理解乡村产业状况，不深入切入乡村产业改革，是无法按照中央精神完成设计目标的。

湖埠村的乡村空间随规模农业、特色农业与智慧农业的发展进行空间重构，在规划中注重提升农业用地的规划地位，再从上位规划中的生态农业观光园上升到特色农业主导的大地艺术。

规模农业的空间营建重在空间融合，发挥规模农业的经济效益。在提高经济效益方面，湖埠村的规模农业在形成过程中，个体户、合作社为主的传统乡村生产空间逐渐瓦解，零散的生产空间随着农业的规模化生产而融合。在湖埠村周边的农业用地方面，规划之前村里的种植个体户、农业合作社呈不规则零散分布格局。在经过土地流转之后，这些分散的个体农户可实现农业的适度规模经营，逐渐形成规模农业，出现新型龙头企业、个体农业、合作社并存的生产空间格局。

特色农业的空间建设主要通过强化利用中心区域资源优势、优化已有的产业链途径来进行空间布局。湖埠村传统农业水稻，经过上中下游产业链组织与整合后，成为杭州近郊的艺术农业模式。稻田表演、大地艺术突出了该地区艺术资源的特殊性和近郊乡村区域经济的带动作用，与周围的艺创小镇、艺术院校发展融合，具有一定的地区影响力。已有的茶叶、水稻等特色产业与艺术特色资源在运营方组织后进行规模经营。已有的特色产业茶叶在生产空间规模扩张的同时，其上中下游产业如茶室、茶文化体验中心以特色产业为空间节点中心分散布局，成为新型产业链发展形成的生产、加工、销售的"产业集群"空间。

湖埠村还建有智慧农业生产空间，通过打造互联网产销农业服务平台，加强水稻、茶叶的生产科技创新与实现生产过程的信息化。然而，通过农业信息化发展的智慧农业模式并不一定在用地空间形态上产生显著的变化，相比较而言，农业的生产要素、生产工具与生产关系的变革更为显著。智慧农业对乡村空间的影响较多地反映在生产空间的规模、密度上。湖埠村的小规模科技农业用地，经过农业现代化建设后升级为智慧农业的生产空间，传统的种植大户、家庭农场、传统加工厂和传统销售店铺等空间形式的面积逐渐减少。

7.4.3 农业综合体规划

随着乡村产业的转型发展，湖埠村的空间形态逐渐由传统自然型向现代融合型发展。该艺术农业综合体产业与空间一体化的营建模式，以农业为主导，整合杭州周边地区的旅游资源、艺术小镇与艺术院校的艺术资源、云溪小镇的科技力量、城郊乡村的资本优势等资源，形成具有多功能的复合型空间，在产业与空间上具有创新性。湖埠村艺术农业综合体以湖埠村村域为依托主体，充分利用村庄外围的山形地势，将环抱其的群山设计成天然的大地艺术观景台。同时，在农业用地上突出艺术与大地的碰撞，引入创作者表演，与耕作者协同创作。艺术家与农人的表演艺术使稻田成为具有湖埠村特色艺术农田景观。

在全域土地综合整治的背景下,项目通过规划引导推动土地流转,将违规开挖的水塘还原成复耕土地,以整合规模农业用地。同时,顺应产业重构策略布局,整合旅游资源,以一产农田为中心,二产、三产在农业用地周围环形发展(图7.7)。核心区域270度群山环抱成天然的大地艺术观景平台与创作背景,实现"人-田-地-景"的高度融合。

在生态环境规划上,以湖埠村原有绿化为大基调,在原有植物基础上做加法,对局部新建、大面积改造部分进行设计。整体力求干净整洁,具有美丽乡村新风貌。并发挥乡土树种在当地特色景观风貌中的作用,多采用村民喜欢的树种、易养护树种,便于改造后打理,延长景观的时效性。增加行道树,新建主干道以及村落内部机动车环道部分增加行道树种。村落内部的机动车环道及入户车道采用"泛行道树"概念种植,既是行道树又是组团绿地乔木。村落院落绿化在合理规划好村落院落范围后,根据每户院子面积大小配置当地乡土观花、观果、闻香等植物。

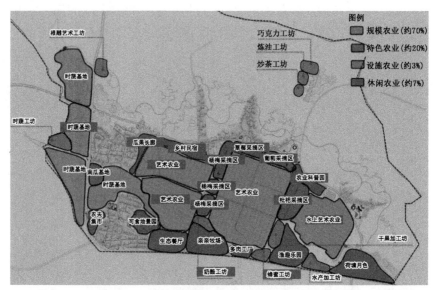

图7.7　艺术农业综合体一产、二产、三产布局

(资料来源:课题组自绘)

7.5　本章小结

在全域土地综合整治背景下,产业与空间一体化营建策略,可提高城郊乡村土地利用率,促进城乡生产要素流动,增加单位土地面积的产值,真正激发追求乡村产业兴旺的动力。本书基于城郊乡村产业与空间一体化理论进行农业艺术农业综合体的营建设计,并提出全域土地综合整治是空间规划的前提,可通过土地利用梳理,提高产业与空间一体化营建效率,营建过程中强调产业与空间的适宜性。

目前学界关于全域土地综合整治的研究很少,无法为治理工作深化开展与政策制定提供理论指导和经验证据,在实行全域土地综合治理地区,未能形成完善的规划指导体系。我国乡村建设主要由政府部门在思考和推动,规划设计层面对产业发展考虑不足,加上乡村规划大多沿用城市规划理论和方法,设计工作的重心大多放在乡村的建成区,忽视了农业用地的规划建设。本书从城乡规划学视角研究乡村产业与乡村空间互动关系,形成系统的以产业机制为主导的乡村规划理论指导体系,以填补城镇化快速发展地区乡村规划理论的薄弱环节。

湖埠村艺术农业综合体项目可为其他地区产业与空间一体化发展提供经验参考和政策启示,为我国乡村全域土地综合整治提供切实合理的建议。浙江省是全国全域土地综合整治的示范点,其产业与空间互动机制研究不仅为解决城镇化进程处于高级阶段地区的问题提供思路,还将给发展中地区城郊乡村的发展带来借鉴意义,对推动中国乡村的治理,促进空间环境问题的解决,增强社会资本的导入,助推产业经济的发展有着积极的推广与示范意义。

第 8 章　案例 4：和美乡村在地化之混合型社区建设

随着城市化进程的推进，浙江省乡村社区展现出商住结合的土地混合利用格局，这导致家庭碳排放量的增加。因此，如何实现经济、社会、环境的可持续发展，已经成为这类混合用途社区面临的重要问题。本案例研究旨在探索混合用途社区混合利用活力、碳排放和可持续性的关系。我们用案例研究法收集了定量和定性数据，用统计信息网格（STING）和地理信息系统（GIS）作为分析工具，基于混合利用活力、碳排放和可持续性三个指标展现了被抽样的混合用途社区的空间分布特征。

研究发现：(1) 基于混合利用活力和碳排放的数据，混合用途社区的分布模式可分为多核无序分布、单核互锁分布和多核有序分布三种，它们分别对应于旅游业、产住共同体和制造业社区。(2) 三种模式中，旅游业社区的整体可持续性最低，而制造业和产住共同体社区的可持续性水平较高。(3) 与高碳排放会导致低可持续性的观点相反，混合利用活力比碳排放量对整体可持续性的影响更大（即低碳排放导致旅游业社区的可持续性低，高碳排放导致产住共同体社区的可持续性高）。(4) 本章还确定了一系列影响混合用途社区空间分布的因素。本案例研究从混合用途规划的可持续性角度为发展中国家乡村混合用途社区的发展提供了重要参考。

8.1　背景

混合用途社区，即功能和用途混合的土地开发状态，近几十年来发展迅速，它最初出现于城市重建项目，近年来成为乡村发展的热门话题，例如，乡村社区的产业融合就是一个典型案例（Rabianski 等，2009；Guan 等，2019；Chen 等，2020）。人们已经认识到，混合用途而非严格的功能分区可以在城市规划中创造更多活力（Jacobs，2016；Penazzi 等，2019）。从 20 世纪 80 年代起，土地混合利用成为现代城市理论中的重要主题（Burton，2000；Handy，2005）。将零售、公共、工业和居住用地整合在同一区域可以令土地使用更加集约和高效，例如，实现就业和定居的平衡、经济效率的提高、城市多样性和活力的增加（Jones 等，2007；Tian 等，2017；Cheng 等，2018b）。土地混合利用还能促进紧凑型城市的建设（即新城市主义）并推动发展更广泛的可持续发展策略（Ravenscroft，2000；Griffiths 等，2008；Bahadure and Kotharkar，2015）。

然而，东西方对混合用途社区的规划并不相同。在加拿大、美国和英国等发达国家，土地混合利用在乡村地区比较少见,因为当地零售商已经被社区商业区淘汰(Knaap等,2007)。另外,在中国、日本和韩国等东亚国家的乡村地区,混合用途社区以集合工业、商业、旅游和出租公寓功能的综合社区的形式快速崛起(Zhu等,2020)。本书主要关注中国的乡村混合用途社区。

作为乡村振兴政策的先行者,东部沿海地区的浙江省乡村社区经历了以区域城市化、农业产业化、商品化为主要特征的社会经济转型,凸显了商业与生活空间混合利用规划对乡村社区可持续发展的重要作用(Marton,1998;Long,2014;Zhu等,2020)。例如,家庭手工业、商业、服务业的融合逐渐替代了传统农业经营,导致人居住宅和家庭经济的重叠(Ali,2007;Long等,2009;Shi and Gao,2020)。特别是,浙江省60%的乡村社区依赖于那些驱动社区内工作与生活混合利用的地方产业或市场(Wei等,2007;Si等,2015)。

土地利用模式向混合利用模式的转变促进了乡村发展,这通常代表乡村地区克服问题和作为相对独立的单位发挥功能的能力(Koomen,2011)。社会经济转型过程伴随着以产业融合为目标的工业活动,它们的供暖、空调和通风所造成的高能源消耗和碳排放通常导致低可持续性(Cai等,2018b;Lee等,2018;Jia等,2020)。根据中国能源统计年报,2008年至2017年,乡村地区能源消耗增长了约80%;碳排放从1979年的8.89亿吨增长至2012年的31.3亿吨,占全国总碳排放量的40.99%。乡村社区人均能源消费的增长率是同期城市地区的2.4倍(国家统计局能源司,2018)。一些研究还发现乡村地区的PM2.5浓度与城市地区接近(Aunan等,2019)。

当从可持续性的角度深入研究混合用途社区规划时,现有研究将乡村混合用途社区视为我国产业融合策略的主体,旨在促进农民增收和为其创造就业机会,即实现中国乡村社区的可持续发展(Guan等,2019;Chen等,2020)。作为产业融合的结果,东部沿海地区发展出现了四种类型的乡村混合用途社区,即农业主导型混合用途乡村社区,工业主导型乡村社区,商业、旅游和服务业主导型乡村社区和均衡发展型乡村社区(Long等,2009)。

至今,可持续性依然是一个开放的概念,存在无数的阐释和特定语境下的理解(Kajikawa等,2014)。在主流定义中,可持续性表现为社会、环境和经济三个互相重叠的领域,可持续性就是它们的交叉点(Purvis等,2019)。在本研究的语境下,乡村混合用途社区被定义为平衡生态环境保护和工业经济增长的结果,它旨在实现可持续的发展和提高乡村人居的质量,同时由乡村社区的混合利用活力和碳排放所决定。

目前,从房地产、生态、人口等多个角度衍生出来的关于土地混合用途规划的共识,已经从社区活力(经济增长)的理念转变为对负面的环境影响更温和、平衡和谨慎的态度(Lau等,2005;Foord,2010;Mualam等,2019)。例如,Zhu等人(2020)指出,因浙江省混合用途规划而诞生的混合用途社区面临着巨大的减排压力。然而,只有有限的研究关注混合利用活力、碳排放和可持续性的复杂关系(Abildtrup等,2006),这就形成了一个重大的研究缺口。尽管可持续性由混合利用活力和碳排放所决定已经成为公认的事实,这两个因素如何影响可持续性尚不清楚,例如,哪个因素更显著地发挥决定性作用还需要进一步探索。

基于这一缺口,本书试图通过测量生产和居住的混合利用活力和对应的生态后果(即微观角度的家庭单元的碳排放量,在本研究中,这两个概念可以混用)来衡量乡村混合用途社区的可持续性。因此,我们提出了两个研究问题:

问题1:从由混合利用活力和碳排放所决定的可持续性角度考虑,存在哪些类型的乡村混合用途社区?

问题2:混合利用活力和碳排放如何影响乡村混合用途社区的可持续性?

本研究将在以下方面对乡村规划文献作出贡献:首先,将混合利用活力和碳排放确定为乡村社区规划可持续性的两个维度;其次,将混合用途社区研究从城市延伸到乡村;最后,探讨影响乡村社区混合利用活力、碳排放和可持续性空间分布的因素。

8.2 案例研究

8.2.1 案例选择

本案例研究通过开展面对面的半结构化访谈,同时收集各种当地政府机构、公用事业公司的报告或文件,采集有关中国浙江省乡村混合用途社区的综合利用活力、碳排放和可持续性的定量和定性数据。利用三个无量纲化模型计算混合利用活力、碳排放和可持续性后,本书利用统计信息网格(STING)和地理信息系统(GIS)工具,通过反距离加权(IDW)空间插值方法进行进一步的数据分析(即测绘和数据显示)(Setianto and Triandini, 2013)。

为了回答两个研究问题,浙江省的6个混合用途社区被选中作为研究案例。首先,根据2019年的行政区划数据,浙江省总计有1 091个乡村社区。在这项研究中,每个村(行政村)被视为中国乡村社区级治理模式下的一个社区。通过比较经济收入、人口和碳排放量,以及社区可测量边界的位置和清晰度,本书根据《中国淘宝村发展报告(2014—2018)》(南京大学和阿里新村研究中心,2018),在遂昌、三门、诸暨、上虞、临安、吴兴6个县(或县级市)确定了100个社区(约占总数的10%)用于研究。

其次,经过长达两个月的访谈数据收集(2019年3—5月),在团队内部反复讨论后,我们最终根据两个标准选择了6个案例,标准一为旅游、产住共同体或制造业(例如机械设备行业和汽车设备行业)三类混合用途社区,每一类各选择两个案例;标准二为混合利用活力、碳排放和可持续性方面的数据可用性强。半结构化访谈是案例研究中定性数据的主要采集方法,它收集了人口、工业规模、碳排放类型(即电力、天然气和燃料)以及生产和生活混合的社会影响等数据。

最后,2019年5月至6月,我们采访了6个社区的地方政府机构负责人和当地精英(如村经济合作社法人),从当地县政府各种机构和企业单位收集了有关混合利用活力、碳排放和可持续性的二手量化数据。表 8.1 列出了 6 个案例中的 24 名受访者信息,我们总计开展了 41 次访谈,其中 36 次是面对面访谈。大多数采访持续了大约 0.5 小时,有些采访持续了 3 个多小时。一些受访者接受了不止 1 次的采访。

表 8.1 采访者情况总结

案例	受访者类型	年龄	学历水平	采访时间/分	采访次数
上下坪村	遂昌县县长	40+	博士	69	2
	高坪镇镇长	30+	硕士	33	2
	县农业农村局局长	40+	本科	50	1
	浙江大学农村人居环境研究中心研究员	30+	博士	30	1
盖门塘村	三门县县长	50+	硕士	100	3
	健跳镇镇长	40+	本科	30	1
	县住房和城乡建设局局长—1	40+	硕士	32	1
	村经济合作社法定代表人—1	50+	高中	30	1
蔡家畈村	诸暨市(县级市)市长	50+	硕士	81	2
	安华镇镇长	40+	硕士	180	4
	县住房和城乡建设局局长—2	50+	本科	30	1
	村经济合作社法定代表人—2	40+	高中	30	1
东村村	绍兴市上虞区区长	50+	本科	60	2
	曹娥镇镇长	40+	硕士	31	1
	县规划局局长	30+	硕士	30	1
	村级工业园区负责人	50+	本科	35	1
白牛村	临安区(县级)区长	40+	硕士	120	2
	昌化镇镇长	50+	本科	91	2
	县文化和旅游局局长	50+	本科	120	3
	村电子商务服务中心主任	30+	高中	30	1
泉庆村	吴兴区(县级)区长	50+	本科	120	2
	东林镇镇长	30+	硕士	91	2
	南太湖新区管理委员会主任	50+	本科	120	3
	湖州经济发展集团董事长	40+	本科	40	1
总计	24 人			1 583	41

(资料来源:课题组自绘)

根据 Long 等人（2009）的研究，中国东部沿海地区有四种主要的乡村发展类型。前三种是以农业和制造业为主的发展类型，后一种是均衡发展类型。在本书中，基于访谈前两个阶段的研究结果，我们对 Long 等人（2009）提出的四种类型进行了调整，并确定了三种类型（类型 T、S 和 M），它们互补且互斥，全面涵盖了乡村混合用途社区的所有空间分布类型。T 类

图 8.1 六个社区的基本信息

（资料来源：数据提取自 2019 年 5—6 月，课题组自绘）

社区(旅游业社区)以旅游和住宿为社区主要收入来源。S 型社区(产住共同体社区)与 Long 等人(2009)的任一发展类型都不完全匹配。这些社区依托区位优势,发展包括运输、贸易市场、仓储和物流等行业的配送设施。M 型社区(制造业社区)依赖于产品制造。三类社区分别占浙江省 1 091 个乡村社区的 18%、52% 和 30%。本研究从三种类型的每一种中提取了两个具有相似人口和生产生活规模的社区。这 6 个社区的基本信息如图 8.1 所示。

8.2.2 乡村"工作-生活单元"建立

工作生活单元的概念主要用于城市规划领域(Triyuliana and Prakoso,2020)。工作-生活单元旨在提供方便和创新的劳动力住房,并允许房主在其居住地生活和工作(Tao 等,2010;Zhu 等,2012;Reuschke and Houston,2022)。我们主要关注乡村混合用途社区,并进一步聚焦微观的"工作-生活单元"级别。"工作-生活单元"是指一栋建筑或一组彼此相邻的建筑(Ho,2017;Long 等,2007)。根据《浙江省土地管理条例》(浙江省人民代表大会,2021 年),一个工作-生活单元或家庭被分配了一些被称为宅基地(面积约 125 m^2)的土地,用于日常的生产和生活。如图 8.1 所示,通过统计数据和现场调查,我们根据居民日常活动占用的实际边界,对每户的物业边界进行了补充和修正。因此,我们通过统计信息网格(STING)构建"工作-生活单元",来解释三类社区的混合利用活力和碳排放的分布(Triyuliana and Prakoso,2020)。在这种情况下,每个社区可以划分为多个涵盖当地居民的生活和生产活动的"工作-生活单元"(图 8.2)。受乡村宅基地面积的限制,每户的实际规模通常在 80~140 m^2 之间。

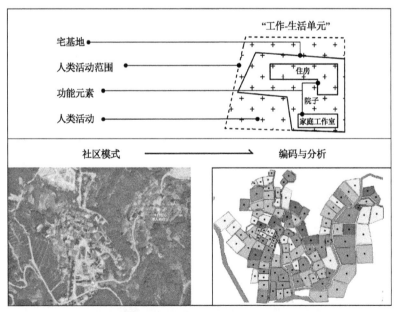

图 8.2 "工作-生活单元"的构建

(资料来源:课题组自绘)

8.2.3 研究框架

我们通过耦合生产、生活和生态指标来评估可持续性,并探索代表不同类型乡村社区可持续性的工作-生活单元的特征和空间分布形态(图8.3)。

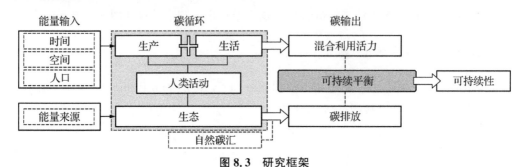

图 8.3 研究框架

(资料来源:课题组自绘)

基于研究框架,本研究包括以下四步:第一步,确立了数据选择的"工作-生活单元"概念。第二步,建立了混合利用活力、碳排放和可持续性三个无量纲模型。第三步,为6个混合用途乡村社区的混合利用活力、碳排放和可持续性的空间分布构建了反距离加权(IDW)空间插值模型。第四步,将6个案例的"工作-生活单元"数据导入GIS并绘制;基于GIS的结果,最终生成空间分布的热图。

8.2.4 计算和数据分析

混合利用活力无量纲化模型的关键变量、定义和数据来源见表8.2。数据包括地方政府机构和公用事业公司的二手数据,提取时间为2019年5—6月。

表 8.2 三个无量纲化模型(混合利用活力、碳排放和可持续性)的关键变量和数据来源

关键变量	定义	数据来源
MIX_t	• 时间维度:工作和生活活动所占时间比例(Koomen, 2011)	• 样本社区住户单元使用后评估调查报告(来自地方政府土地规划局)
MIX_s	• 空间维度:工业区和住宅区之间的面积比例,反映住房单元的功能组成(Koomen, 2011)	• 样本社区的土地产权规划(来自地方政府土地规划局) • 样本社区的空间建设规划(来自地方政府住房和建设局) • 样本社区住户单元使用后评估调查报告(来自地方政府住房和建设局)
MIX_p	• 人口维度:每个单元中工作和居住人口的比例(Koomen, 2011)	• 样本社区经济和社会发展报告(来自地方政府发展和改革局) • 样本社区住户单元使用后评估调查报告(来自地方政府发展和改革局)
C_1	• 燃料的碳排放量(例如货物运输的碳排放量)	• 样本社区住户单元燃料使用统计年度报告(来自地方能源公司)

续表

关键变量	定义	数据来源
C_2	• 间接电力碳排放量	• 样本社区住户单元电力消耗统计年度报告(来自地方电力公司)
C_3	• 绿色碳汇吸收的碳排放量	• 样本社区碳汇统计年度报告(来自地方政府生态环境局) • 样本社区住户单元使用后评估调查报告(来自地方政府生态环境局)
Sr	• 可持续性:经济发展和生态反馈的比例	• 样本社区生产和住房单元经济发展指数报告(来自地方政府发展和改革局)

(资料来源:课题组自绘)

1) 混合利用活力

混合利用活力从多个维度进行考虑:(1)时间维度:工作和生活活动所占时间的比例,反映聚落综合体的时间特征(Koomen, 2011);(2)空间维度:工业区和住宅区面积的比例,代表住宅单元的功能构成(Koomen, 2011);(3)人口维度:每个单元的工作人口和居住人口的比例(Koomen, 2011)。

等式 8-1~8-3 分别计算 MIX_t、MIX_s 和 MIX_p;等式 8-4 计算每个单元的总体活力(MIX)如下所示:

$$MIX_t = 2 \times [1 - \max\{tw, tl\}/(tw+tl)] \quad (式8-1)$$

$$MIX_s = 2 \times [1 - \max\{sc+sf, sz+sf\}/(sc+sz+sf)] \quad (式8-2)$$

$$MIX_p = 2 \times [1 - \max\{pc+pl, pz+pl\}/(pc+pz+pl)]$$
$$= 2 \times [1 - (\max\{pc, pz\}+pl)/(pc+pz+pl)] \quad (式8-3)$$

$$MIX = \sqrt[3]{MIX_t \times MIX_s \times MIX_p} \times 100\% \quad (式8-4)$$

其中 tw 和 tl 分别为生产和生活活动的持续时间(小时)。当 $tw = tl = 1/2$ 时,MIX_t 达到最大值 1。在面积维度上,sc = 工业区面积,sz = 住宅区面积,sf = 备用面积。因为 sf(备用区)与 sc 和 sz 兼容,所以应该加到一个功能性更强的区(sc 或 sz)。因此,当 $sc = sz = 1/2$ 且 $sf = 0$ 时,MIX_s 达到最大值 1。此外,在人口维度上,pc = 工人,pz = 居民,pl = 临时人员;并且 pl 应该添加到更大的组(pc 或 pz)中。当 $pc = pz$,$pl = 0$ 时,MIX_p 达到其最大值 1。根据最终计算值,MIX 的取值范围为 0~100%;MIX 越大,该单元的混合利用活力越高。

2) 碳排放

碳排放量计算公式如下:

$$C_1 = \sum (E_i + k_i) \quad (式8-5)$$

式中 C_1 是燃料的碳排放量(例如,45% 的二氧化碳排放总量由货运引起)(Kemal 等,2017),i 代表第 i 种能源,E 是消耗的燃料量,以及 k 是碳排放因子。我们参考了当地能源公司的年度燃料消耗数据来确保这些燃料仅在样本社区的家庭中消耗。碳排放因子数据来自《中国低碳发展年鉴 2014》和《IPCC 国家温室气体清单指南(2006)》。

$$C_2 = F \times P \times 80\% \quad \text{(式 8-6)}$$

式中 C_2 为电力的间接碳排放量；F 为用电量，取自当地电力公司发布的家庭单位用电量统计年度报告。P 为浙江区域电网供电碳排放因子，取值为 0.928 kg CO_2/(kW·h)。核电、水电、风电等动力源在实际消耗过程中不产生 CO_2；火电约占总发电量的 80%。因此，在计算电力间接碳排放量时，电力的消耗量应在原始数据的基础上乘 80%。

$$C_3 = S_a \times M_D \times n \quad \text{(式 8-7)}$$

式中 C_3 为绿色碳汇吸收的碳排放量；S_a 为绿地面积（m^2）；M_D 为干物质质量，通常设为 4.0 t/(hm^2·a)；n 为干物质的碳含量，IPCC 推荐该值为 0.47。表 8.2 列出了碳排放模型的关键变量。

一个工作生活单位的碳排放总量的计算是燃料碳排放 C_1 和电力碳间接排放 C_2 之和减去绿色碳汇吸收的碳排放 C_3（Fan 等，2013）。为了便于数据可视化和比较，C 被定义为 C_r 的一百次微分的结果。

$$C_r = C_1 + C_2 - C_3 \quad \text{(式 8-8)}$$

$$C = \frac{C_r}{C_{rmax}} \times 100\% = \frac{C_1 + C_2 - C_3}{C_{1max} + C_{2max} - C_{3min}} \quad \text{(式 8-9)}$$

3）可持续性

可持续性 S_r 被定义为经济发展和生态反馈的比率，前者以生产生活混合利用活力为代表，后者以碳排放为代表（Liu 等，2010）。此处的指标 MIX_r 的构建包含多个维度：（Ⅰ）经济发展的基线相关性；（Ⅱ）乡村社区的活力；（Ⅲ）这些工作和生活活动在养活单位内人口和减轻碳排放负面影响方面的能力；（Ⅳ）乡村社区在控制和中和不断增加的温室气体排放方面的长期可持续努力。随着越来越多温室气体被排放，工作和生活单元将分配更多资源用于上述（Ⅲ）和（Ⅳ）中所示的工作，以扭转气候变化的趋势（Honjo and Kubo，2020）。因此，指标 MIX_r 由 MIX_t、MIX_s、MIX_p 的指标共同决定。

为了方便数据可视化和对比，阈值调整为 1~100。因此，S 被定义为 S_r 的一百次微分的结果。

$$S_r = \frac{\left(\dfrac{MIX_r}{MIX_{rmax}}\right)}{\left(\dfrac{C_r}{C_{rmax}}\right)} = \frac{MIX_r C_{rmax}}{MIX_{rmax} C_r} \quad \text{(式 8-10)}$$

$$S = \frac{\left(\dfrac{MIX_r C_{rmax}}{MIX_{rmax} C_r}\right)}{\left(\dfrac{MIX_{max}}{C_{rmin}}\right)} \times 100\% = \frac{MIX_r C_{rmin} C_{rmax}}{C_r MIX_{rmax}^2} \times 100\% \quad \text{(式 8-11)}$$

其中 S_r、MIX_r、C_r 分别为单位 r 的可持续性、混合利用活力和碳排放量。MIX_{rmax} 指混合利用活力的最高值；C_{rmax} 和 C_{rmin} 分别表示样本中碳排放的最高值和最低值。

8.2.5 混合利用活力、碳排放和可持续性的空间分布

使用逆距离加权(IDW)空间插值方法(Setianto and Triandini,2013),将每个单元的碳排放分值 $Z(c)$、混合利用活力分值 $Z(m)$ 和可持续性分值 $Z(s)$ 代入以下公式计算它们的空间分布格局:

$$Z(C,MIX,S) = \frac{\sum_{i=1}^{n} \frac{1}{(E(C,MIX,S)_i)^P} Z_i}{\sum_{i=1}^{n} \frac{1}{(E(C,MIX,S)_i)^P}} \quad (\text{式}8-12)$$

$$E(C,MIX,S)_i = \sqrt{(X-X_i)^2 + (Y-Y_i)^2} \quad (\text{式}8-13)$$

其中 Z 表示每个插值点的估计值,Z 的坐标为 (x,y),第 i 个数据点的实际值为 Z_i。坐标值为 (X_i,Y_i),E_i 是插值点到第 i 个数据点的距离,P 是插值点到第 i 个数据点的距离的幂。

碳排放数据被分成几个区间,并通过自然断点法进行分组。基于计算东亚城乡边缘地区碳排放量的排放因子方法(Zhu 等,2020),本书利用 GIS 平台将单位标定为四个级别的不同色块,并推导出混合利用活力、碳排放和可持续性的空间布局特征。

8.3 结果的空间呈现

本节介绍了六个选定的乡村混合用途社区中工作—生活单元的混合利用活力、碳排放和可持续性的结果。评价结果由低到高定义为四个等级(表8.3)。根据计算结果,我们将其分为最高值与最低值间互相间隔相对相等的四个范围(高、较高、中、低)。为了增强空间分布的数据可视性,我们对每个级别的分类进行了微调。例如,混合利用活力的分类调整到 6%~8% 的范围(而不是固定的 8%);碳排放各等级评价调整为中高 1 000 kg/月,其他等级500 kg/月;可持续发展的评价除低水平 0.2% 外,在其他三个等级中各增加 0.1%。在比较空间分布后,我们解释了不同类型乡村混合用途社区的特征,揭示了旅游业社区、产住共同体社区和制造业社区的混合利用活力、碳排放和可持续性之间的相关性。

表 8.3 混合利用活力、碳排放和可持续性评价结果的分级

结果	混合利用活力/%	碳排放/(kg/月)	可持续性/%
级别 4 / 高	31~42	2 000~2 500	0.4~0.6
级别 3 / 较高	22~30	1 000~1 999	0.3~0.39
级别 2 / 中	16~21	500~999	0.2~0.29
级别 1 / 低	8~15	1~499	0~0.19

(资料来源:数据提取自 2019 年 5—6 月,课题组自绘)

8.3.1 三类乡村社区的混合利用活力、碳排放和可持续性

图 8.4 显示,旅游业社区半数"工作-生活单元"的混合利用活力为 18%~30% 不等,该

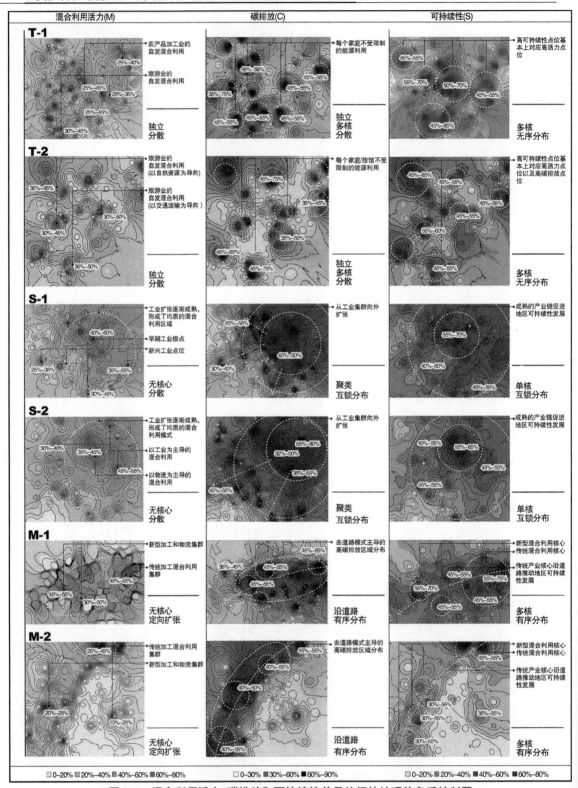

图 8.4　混合利用活力、碳排放和可持续性单元特征的地理信息系统制图

(注意:有四个黑暗级别。条形中的数字表示单位数。图片来源:课题组自绘)

类社区的功能混合程度低,且由于行业的自发性,单元内部混合利用的分布并不均衡。高活力单元主要聚集在自然资源丰富、交通条件较好的地区。此类社区中,碳排放低的工作-生活单元(1~499 kg/月)的比例在所有类型社区中最高(T-1 为 47%,T-2 为 65%)。碳排放主要来自交通、烹饪、住宿、娱乐和小部分农业加工。由于旅游住宿设施个性化程度高,各单元的建筑性能和能耗各不相同;然而,它们的总体碳排放量较低。碳排放与混合利用活力的分布之间的相关性不显著。

产住共同体社区中单元的混合利用活力各不相同,较高活力(22%~42%)单元的比例接近 50%,是三类社区中最高的。由于产业集群能够带动经济发展和提升工业的比重,混合利用程度高单元的分布受道路的影响较大。这种类型的社区拥有最多的高碳排放单位。这类社区的能源消耗主要来自交通运输和仓储。高碳排放单元主要是宅基地面积较大、从业人员较多、工作时间较长的电商经营者。这些单元通常集群出现,并与其他集群并列、扩张和连接。以 S-2 社区(共 88 个工作-生活单元)为例,该区块 53 个物流及相关产业单元占整个社区单元总数的 61.6%;这 53 个单元中,有 48 个单元的碳排放量位于三、四级(四级最高)(1 000~2 500 kg/月),占总量的 54.5%。碳排放与混合利用活力分布之间的相关性显著。

制造业社区普遍呈现中度混合利用活力。该类社区中,低活力(8%~15%)单元的比例最大(M-1 为 24%,M-2 为 26%),在三类社区中波动最小(M-1 的范围为 5%~45%,而 M-2 的范围仅为 5%~40%)。大多数高碳排放单元都包含工厂或家庭作坊,因为维持工厂机械的运转需要高能耗。高碳排放单元分布类型居中,且与混合利用活力的分布格局类似,呈现以道路为中心的梯度分布。分布格局还随着与大型工厂的距离增加而呈现出核心—边缘趋势。对于三、四级单元而言,碳排放的临界值低于产住共同体社区;碳排放总量中等且更加集中。碳排放与混合利用活力的分布具有很强的相关性。

根据图 8.4,混合利用活力、碳排放和可持续性单元的比较评估参见表 8.4。旅游业社区的混合利用活力和碳排放量较低,出人意料地导致低可持续性。产住共同体社区具有高混合利用活力和高碳排放量,其可持续性也较高,这有悖常理。制造业社区的混合利用活力和碳排放量中等,其可持续性也居中。

表 8.4 六个案例中混合利用活力、碳排放和可持续性百分比的比较评估

编码	案例	类型	混合利用活力	碳排放	可持续性
T-1	上下坪村	旅游业	低	低	低
T-2	盖门塘村	旅游业	低	低	低
S-1	蔡家畈村	产住共同体	高	高	高
S-2	东村村	产住共同体	高	高	高
C-1	白牛村	制造业	中	中	高
C-2	泉庆村	制造业	中	中	中

(资料来源:课题组自绘)

8.3.2 乡村社区的空间分布

浙江乡村社区混合利用活力的特征表明,生产生活要素会围绕特定的生活生产资源进行聚合,从而维持聚落的形成、生长和区域认同。基于可持续混合用途社区的规划原则(Zhu 等,2020),单元、集群和社区的空间格局由道路方向、有效和高效的基础设施以及产业联系和集聚

所决定。为便于数据可视化和比较,将"工作生活单元"的数据导入 GIS,以展示混合利用活力、碳排放生态负反馈和可持续性的空间布局(表 8.5),从而归纳出特定的分布模式(图 8.5)。

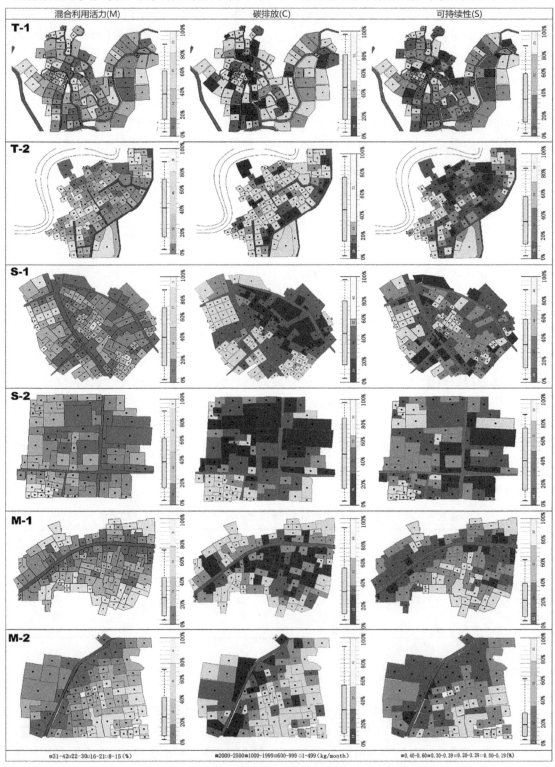

图 8.5 混合利用和美空间分布、生态负反馈对碳排放和可持续性的地理测绘

(图片来源:课题组自绘)

表 8.5　混合利用活力的空间分布、生态负反馈与可持续性

结果	混合利用活力/%	碳排放/%	可持续性/%
高	60～80	60～90	60～80
较高	40～60	/	40～60
中	20～40	30～60	20～40
低	0～20	0～30	0～20

(资料来源:课题组自绘)

旅游业社区经历了从传统的农业经济向多元化家庭经营旅游业的升级,后者呈现出将旅游业和农业用地整合在同一单元的特征。一个单元内有更多自发性的人员流动,生产和生活空间也高度融合。这类社区普遍具有高度的区域依赖性(Fei and Cai,2011),这意味着它们的经济发展更多地依赖于交通和自然生态资源。对于旅游业社区而言,其混合利用活力与它的可达性、邻近旅游资源、个体经营者的经营管理能力有关。上下坪村(样本 T-1)呈现松散的聚落格局,居民楼依地貌而建。大多数住宿设施和农产品加工车间的位置与景观和农业资源相适应。盖门塘村(样本 T-2)紧邻河流,后方有丘陵。土地利用混合程度较高的单位一般都分布在靠近道路或沿山的地方,因为这些地方交通便利或者距自然景观较近。经营良好的个体农户倾向于将更多的生活空间转化为住宿、餐饮、娱乐空间,形成了一系列的高活力点(45%～60%)。因此,混合用途单元的分布在社区中呈现出一种无核、自由消散的结构。此外,碳排放单元也对应高活力单元呈现出比较分散的分布样态。乡村住宅改建为旅游设施的能源效率低。我们称这种可持续性空间分布的模式为多核无序分布。

浙江产住共同体社区是被视为产业集群的新型产住共同体,是新政策("城镇化促居住"或"商住联动")实施的范例(Bellandi and Lombardi,2012;Weng 等,2014)。商业、贸易、仓库、存储等产业功能在一个家庭中发挥,从而产生了一种商住混合的空间扩展和功能整合范式。与旅游业社区呈现的消散型布局不同,产住共同体社区居住区的聚落格局依赖于围绕产住共同体增长核心集聚的商品贸易。这些家庭之间通过邻里或社区合作建立产住共同体社区之间的产业联盟,逐步形成原料供应、加工、配送的产业链分工,获得生产规模和市场优势。随着上下游产业链资源、技术和劳动力支撑的可得性越来越高,聚落的组织呈现出集群化的趋势。如图 8.5 所示,蔡家畈村(S-1)的一半以上是通过"邻里成群"和"上游带领下游"的方式形成的。由于缺乏节能指导方针和法规,生产出现了同质化增长的趋势。因此,高混合利用活力的单元具有以核心领域为中心的强大集群性。然而,碳排放单位的分布格局以成熟的核心为中心向外联动扩散,即远离核心的区域的碳排放仍然低效,形成高碳排放点。我们称其为单核互锁空间分布。

乡村的发展使得家庭工厂和制造业社区出现。在这些社区,第二产业以生产和加工为核心,依托交通优势,大力发展商业、服务业和加工业。通过适度集中、渗透、规模化生产,住宅与工业空间实现了整合。居民依托当地产业,将闲置的房屋或院子改造成小型家庭作坊。这些生产单位通常沿道路和河流发展,对聚居模式具有高度渗透性。例如,泉庆村(样本 M

-2)以金属加工业为主,混合用途单元的集群组织以线性集群为特征。白牛村(样本 M-1)主要生产油炸坚果,沿东南主干道呈现集聚格局。为了避免制造业社区的噪声和污染,85%以上的家庭作坊有明确的空间功能分区,包括"前厂房后生活空间"的水平混合模式或"楼上居住楼下工作"的垂直混合模式。高碳排放集群由道路形态决定的连续分布格局,揭示了这类社区对交通路线的强烈依赖,因为只有这样才能形成产业。我们称之为多核有序空间分布。

8.4 讨论

旅游业、产住共同体和制造业三类社区的混合利用活力、碳排放和可持续性各不相同。这些社区混合利用活力的差异进一步呈现了社区之间空间分布的差异。基于混合利用活力、碳排放和可持续性的空间分布,本书进一步阐述了基于可持续性划分的三类乡村社区:多核无序分布(T-1 和 T-2)、单核互锁分布(S-1 和 S-2),以及多核有序分布(沿路)(M-1 和 M-2)(图 8.5),它们分别对应旅游业、产住共同体和制造业社区。通过比较三种类型的乡村社区,我们发现存在单元(户)、集群(核心)和社区(表 8.6)三个层次的空间分布,它们都对乡村规划有影响。

表 8.6 三个层次的空间分布比较

社区类型	单元空间模式	集群空间模式	社区空间模式
旅游业社区	旅游业和农产品加工业的混合利用	适应景观和农业资源靠近道路、河流或沿山	多核无序分布
产住共同体社区	商业、贸易、仓储和储运的混合利用	围绕产住共同体的增长核心区域	单核互锁分布
制造业社区	商业、服务业和加工业的混合利用	沿道路或河流	多核有序分布

(资料来源:课题组自绘)

在三种类型的乡村社区中,混合利用活力受到乡村社区产业转型、空间格局和社会网络的影响。产业转型增加了乡村社区的工作时间(例如,旅游业的长工作时间)。纵观浙江乡村社区的演变过程,集约型土地利用(即空间格局)一直是工业和住宅集聚的内在驱动力。随着城市化进程的推进,将单一功能的土地利用转变为混合利用,可以获得更大的经济效益。因此,大量的居住空间向外扩展,同时整合了不同规模的商业功能,这导致生产和生活在一个单元内的重叠和这种综合体的广泛分布。以家庭为基础的产业(如制造业)与传统的社会网络相结合,发展成为一个以血缘、地理、产业为纽带的社区,人口也随之增长。

三类乡村社区的碳排放受相关商业需求、功能集聚程度、聚落发展水平的显著影响。在访谈中,大多数受访者认为相关商业主体可以通过资源整合减少碳排放。产业的功能集聚可以减少土地利用效率低下造成的碳排放。乡村社区的绿地可以捕获碳。此外,随着相关碳排放政策的制定,乡村社区的空间分布特征可以被改变,减少碳排放。

工作-生活单元的可持续性受混合利用活力和碳排放影响。对于旅游业社区而言,可持续发展单元的空间分布与混合利用活力单元的空间分布相关,这表明了混合用途开发对可持续发展的重要性。然而,旅游业社区内这些单元的分布大多基于资源和交通,高度独立,不能在旅游业社区形成强有力的、可持续的、互锁型的发展。因此,虽然旅游业社区的碳排放量最低,但其可持续性仍然最低,因为其混合利用活力非常低。

产住共同体社区通过生产、宣传、网络销售的分工形成了一定的产业链,促进了整个区域的发展。高可持续单元的分布更明显地由市场核心主导。结果显示,社区中超过 2/3 的家庭聚集在距批发市场方圆 1.5 km 范围内。离贸易核心越远,可持续性越低。整个聚落呈现出"内聚外松"的结构。划定居住集群的增长边界,控制"贸易核心"的无序扩张,提高土地集约化利用的程度,大大减少了通勤带来的碳排放,即高混合利用活力会给这里的产住共同体带来高可持续性。

制造业社区中高可持续性单元的分布仍受到道路形态的限制。随着产业升级,具有高度可持续性的单元从旧聚居区转移到新的市场中心,导致人口显著增加。以工业生产为主的社区和城镇也发展成为单一主导产业,进一步拉动了物流和电子商务的发展。除了传统的生产增长核心,新的"贸易核心"也已经形成。因此,可持续性的空间分布格局是新旧"贸易核心"相互连接。

基于上述讨论,表 8.7 总结了影响乡村混合用途社区混合利用活力、碳排放和可持续性的空间分布的主要因素。多核无序分布主要受与高混合利用活力单元的距离影响。相比之下,单核互锁分布受与"贸易核心"的距离影响。然而,制造业社区的可持续性分布主要受道路形态、住宅增长和单一主导产业发展的影响。

表 8.7 影响乡村混合利用型社区混合利用活力、碳排放和可持续性空间分布的因素

主要指标	主要影响因素	乡村社区类型
基于混合利用活力的空间分布	产业转型(例如,在旅游业中增加工作时间)	旅游业社区(多核无序分布) 产住共同体社区(单核互锁分布) 制造业社区(多核有序分布)
	土地利用转型(例如,土地集约利用、单一功能土地利用的转型)	
	社会网络的转变(例如,人口增长与家庭产业和传统社会网络的结合)	
基于碳排放的空间分布	相关商业需求(例如,通过资源整合来减少碳排放)	旅游业社区(多核无序分布) 产住共同体社区(单核互锁分布) 制造业社区(多核有序分布)
	产业转型的功能集聚程度(例如,减少交通运输的碳排放)	
	定居点发展水平(例如,公共绿地的开发)	
	碳排放的政策制定	

续表

主要指标	主要影响因素	乡村社区类型
基于可持续性的空间分布	与高混合利用活力单元的距离	旅游业社区(多核无序分布)
	与中心市场的距离(例如,新型"贸易核心")	产住共同体社区(单核互锁分布)
	道路形态、住房增长和单一主导产业发展	制造业社区(多核有序分布)

(资料来源:课题组自绘)

8.5 本章小结

本章探讨了三类乡村社区的综合体活力、碳排放和可持续性,为混合用途社区规划研究作出贡献,并能够在实践中指导混合用途社区的规划和建设。

8.5.1 理论贡献

首先,本案例研究回应了近期学界希望开展更多乡村混合用途社区可持续性规划研究的呼吁,并将混合利用活力和碳排放确定为衡量可持续性的主要维度。本案例是为数不多的分析各种乡村混合用途社区中单元、集群和社区空间格局的定量研究案例之一,还结合STING和GIS工具,对可持续性的特征和空间分布格局进行了分析和总结。在三类乡村社区中,混合利用活力受到乡村社区产业转型、空间格局和社会网络的影响。碳排放受相关商业活动、功能集聚程度、聚落发展水平的显著影响。主流观点认为"高碳排放"会导致"低可持续性"(Feng 等,2011;Cai 等,2018b;Lee 等,2018);然而,笔者发现混合利用活力在影响整体可持续性方面比碳排放发挥更重要的作用(也就是说,低碳排放导致旅游业社区的可持续性低,而高碳排放导致产住共同体社区的可持续性高)。

(1)混合用途单元的分布在旅游业社区中表现出一种无核、自由消散的结构。碳排放单元也比较分散,这与它们的高活力相对应。因此,乡村住宅改建为旅游设施的能源效率低;由于旅游业社区淡季的碳排放较低,它们配备了效率较低的可持续的基础设施。旺季到来时,它们无法应对飙升的碳排放量,这会损害生态稳定性。

(2)产住共同体社区呈现出一个单核互锁型的空间分布,其年人均生产总值高于旅游业社区。换句话说,当与旅游业社区排放相同数量的温室气体时,产住共同体社区会产出更高的经济效益。因此,产住共同体社区能够在碳交易市场上交易更多的碳信用额,从而使其更具可持续性。

(3)对于多核有序的空间分布,制造业社区的可持续性在三类社区中居中。

其次,本书通过将社区研究的重点从城市扩展到乡村地区,促进了乡村混合用途社区可持续性方面研究的发展。与以往的研究不同,本书采用自下而上的方法,从"工作-生活单元"的微观视角,通过定量分析的方法,分析了三类乡村社区的混合利用活力和碳排放的空间分布特征。基于产权和居民实际生活状况的"工作-生活单元"建设,为明确碳排放责任主体提供了有效和创新的途径。

最后,我们确定了一系列影响乡村社区混合利用活力、碳排放和可持续性的空间分布的因素,为这些社区缘何形成当前的空间分布格局提供了解释。

8.5.2 对未来政策制定的启发

乡村混合用途社区的可持续性理论具有重要的实践和政策意义。混合用途规划已被证明是提高可持续型城市活力的重要策略。我国部分地区已经制定了相关政策法规来促进乡村混合用途社区建设,但混合用途社区规划建设的现实实践还比较滞后。我们的分析通过以下两种方式为城市规划者提供了实践和政策制定方面的建议。

首先,应出台一部以提升混合利用活力、减少碳排放为明确目标,尤其是能够对高碳排放社区提供引导的规划政策。在浙江三类乡村社区中,旅游业社区产业单元的分散分布应被遏制,它们应被聚集成产业集群,以提高土地利用效率和混合利用活力。产住共同体社区可以划定增长边界,控制无序扩张,提高对土地资源的集约利用程度。制造业社区可以通过开发与旧贸易核心相连的新贸易核心来减少运输和物流造成的碳排放。

其次,应准确计算和控制乡村混合用途社区的碳排放。对于高碳排放单元,可以通过设定临界碳值、碳产量和碳配额目标的方法来制定规划政策。这些政策的形式可以包括多样化的补贴、奖励和惩罚机制(Bakirtas and Akpolat,2018),以及鼓励这些单元自主的低碳化转型(Azizalrahman,2019)。

对于特定类型的乡村工业社区,本书构建的可持续性指数可能不够全面,无法反映该地区的近期发展状态。正如近几年发表的文献所述,与旅游业相关的主要环境问题是自然资源的过度开发,而不是气候变化(Honjo and Kubo,2020)。这可能需要在可持续性建设中进一步考虑自然资源的消耗,否则,乡村旅游业社区的可持续性可能会被高估。尽管本书样本的选择试图反映三种类型乡村社区的特征,但将我们的发现推广和应用到其他案例时应当谨慎,对于乡村混合用途社区的其他分类方法可能会产生不同的结果。

第9章 和美乡村在地化发展的政策建议

本章从农业项目建设、社区建设和土地利用三个方面,为承担和美乡村在地化发展的政府制定相关的政策提出建议。

当前,学术界普遍认同土地利用冲突是产业融合的主要挑战。我国农村土地的细碎化、分散化、低效率利用和扭曲配置,均影响现代农业的规模化经营、农村劳动力向非农产业的转移(李治等,2018;屠爽爽等,2019;Kristensen等,2019)。同时,我国的土地权属、指标分配、使用主体等情况比世界其他地区更为复杂,乡村土地利用形态既包含数量和空间结构等显性形态,也包含功能形态、产权方式、利用效率等隐性形态。

9.1 一体化建设农业项目

农业项目的建设可在产业与空间一体化模式的指导下展开。一体化模式的发展目标由规模农业、特色农业、智慧农业、农产品品牌化与乡村旅游升级等方面组成,空间重构策略基于以下五个步骤:提升农业用地规划地位、规划引导推动土地流转、顺应产业重构策略布局、主体参与空间形态营建、严控生态安全格局底线。在具体实施方面,有以下三方面的建议。

(1)破解"用地难",以全域规划引领产业与空间融合。乡村振兴需要规划引领,但目前美丽乡村建设通常以村域为单位进行规划,乡村土地性质与使用现状令产业的可持续发展陷入困境,导致产业转型发展过程中遇到建设用地指标受限、产业无法顺利植入的问题。而全域的规划方法是指以连片村庄、村庄与乡镇、县域等范围为载体进行产业与空间的规划。在产业与空间融合中,"空间"的概念不再局限于城镇用地,而是将城乡用地作为产业用地的整体范围考虑。以杭州富阳区洞桥镇美丽城镇建设为例,该镇的全域规划分两步走:第一,洞桥镇从2017年开始重点发展状元里旅游区的四个村庄基础设施建设,在区域发展格局下科学编制实施小城镇总体规划,加快小城镇环境基础设施建设,整体打造分区建设等具体措施。第二,在全域规划实施过程中,以点带面开展美丽城镇示范建设,选择状元里景区核心区的贤德集镇作为美丽城镇建设示范点,形成以点带面的"四村一集镇"城乡统筹发展格局。通过全域格局的美丽城镇规划,更新的空间资源可用于发展新兴产业、吸引产业入驻,如此落实产业融合更有利于实现土地集约化,扩大产业空间、加速产业聚集,提升产业可持续性发展的可能性。

(2)破解"规划难",以一体化机制促进产业与空间融合。以产业发展为导向的空间规划是当前城乡规划领域的研究热点。传统的美丽乡村、美丽城镇规划设计大多将关注点放在人居环境与景观植物上,忽略乡村可持续发展的内生动力,其需要产业与空间一体化的融合。在产业与空间的融合机制方面,镇域、村域是产业的基础,承载产业空间和发展产业经济。产业是空间的保障,驱动城乡建设更新,进一步提升土地价值,以达到产业、空间可持续发展模式。在建设过程中,可先进行全域土地综合整治,并结合美丽城镇和美丽乡村的基础设施建设,为产业植入打造好空间载体的建设,预留产业发展的弹性空间。再进行产业植入,减少美丽城镇和乡村建设成本的二次浪费。这样有利于增加就业人口,规避盲目城市化带来的空城现象。

(3)破解"留人难",以平衡公共服务巩固产业与空间融合。近年来,我国乡村劳动力持续外流是乡村振兴的难题之一,乡村留不住人才,劳动力资源短缺。乡村项目留不住人的原因除了产业与经济因素,还有公共基础设施的空心化。通过近几年美丽乡村的洗礼,村庄交通、上下水、电线、网络等基础设施与城市的差距正在全面缩小,但医疗社保体系与教育服务依旧存在长期不平衡局面。因此,乡村应合理规划公共服务基础设施,通过平衡公共服务来巩固产业与空间融合发展,争取实现基本公共服务对区域内乡村农民的全覆盖,为农民提供便捷、高效的一站式综合服务,引导乡村建设逐步向"宜居、宜业、宜游"的目标靠近,带动农民就近就业,吸引人才回乡创业。

综上所述,产业与空间融合发展视角下的农业项目建设,从规划思路、融合机制、公共服务三个方面实现,有助于解决乡村产业振兴中用地指标与人才紧缺的难题,促进产业集聚与人才集聚,振兴乡村产业,进而推进乡村振兴的全面发展,也是新形势下建设花园式美丽乡村的有益探索。

9.2 系统性规划乡村社区

乡村社区规划应基于城乡系统规划视角。城乡共同构成整个人居环境体系,因此,农业社区规划的有机更新应涵盖以下三个规划思路:

一是城乡融合。乡村规划应置于城乡规划的背景下。城市、城镇、乡村三位一体,乡村和城市作为该地区的共同组成部分,各有特色和优势。破坏城乡一体化划分强调城乡地位,不是消除城乡差异,而是根据城乡特点在新的基础上保留自己的城乡关系创造平等统一,营造城乡经济社会发展环境。

二是可持续发展。不仅要考虑乡村居民环境的建设,还要考虑乡村居民生活环境建设中的重要问题。传统的生活方式当然更易于保护乡村的历史文化内涵,使原居民住宅形成合理有序的延续,造福子孙后代。因此,对乡村人类住区规划的研究必须坚持可持续发展的原则,这是乡村居民长期建设的基本原则。应仔细分析乡村居民区的演变过程,再确定乡村人口的规模和分布,然后总结出乡村居民区的适应性格局。

三是保证系统性。其具体涉及以下五个方面:(1)乡村水系统规划包括防洪泵站、灌溉泵站布置,水源设置,自来水厂、污水处理厂选址、建设,庭院水景选址和设计等。其中包括水网系统、梳理和整修,防洪堤和灌溉渠的布局和建设,给排水管网的布局和铺设,河滨景观的规划和设计等;还包括大型水源保护区的设计和白水场景的设计。(2)能源系统规划包括各种能源设施的分布和建设,如甲烷处理厂、沼气池、秸秆气化厂、风力发电厂等,还包括各种能源管道的布置和铺设,例如甲烷、天然气和天然气管道。乡村居民需要开发和利用一些能源,例如太阳能。因此,相关设施将以片状形式安排。(3)运输系统规划包括交通安全管理部门、消防站、加油站、客货运站的位置和分布等。它包括路网规划和设计,客运和货运线路设计等。(4)建筑系统规划应根据乡村村庄布局的文化价值,将乡村的建筑系统规划分为两个层次,同时推广现代乡村住房模型,包括每个建筑单体的图形设计。(5)环境景观体系规划指一般以自然景观为基础,在良好的乡村景观上进行乡村环境恢复工作,包括公共厕所布局规划、垃圾收集箱布局规划、文物保护规划景观节点设计等,涉及绿化带、带状景观等。

9.3 全方位盘活乡村用地

使乡村土地整治达到一定的标准,通过招商引资政策引导资本、劳动力进入乡村土地发展,有利于产业发展。在农地整治的基础上,进一步盘活乡村建设用地,有利于乡村产业转型、产业融合发展。在盘活用地的"全方位"有四个层面的含义,以突破滞后的乡村土地政策:

第一,如村庄建设用地为村集体所有(如在中国和美国部分地区),可以通过企业和村集体共同开发农业项目,以土地入股和收益分红的方式。

第二,如土地属于国家和集体所有,那么全域土地综合整治是解决土地利用问题的可行途径。在多个村庄或更大区域的宏观层面,可以采用土地增减挂钩来协调产业的土地分配。

第三,政府加大对农业项目土地利用的政策支持是必不可少的,特别是在建设用地的分配上。在目前土地政策滞后的情况下,政府部门(如农业乡村局、规划和自然资源局等)可与企业创新合作,完善土地利用政策,取得合法的乡村建设用地使用权。

第四,在协调和规范土地利用和产业发展方面,与政府关系紧密的第三方企业发挥着非常重要的作用。如文旅集团、城投公司可协调参与促进乡村项目的发展和实施。

参考文献

中文文献

曹婧涵,2015.都市近郊区村镇空间规划研究:以重庆市巴南区石龙镇为例[D].重庆:重庆交通大学.

曹立前,尹吉东,2016.治理转型:从传统乡村到新型农村社区[J].农村经济(11):27-33.

陈娜,2010.发达地区城郊农村聚居空间布局规划方法研究:以成都市新都区农村新型社区规划为例[D].重庆:重庆大学.

陈潇玮,2017.浙北地区城郊乡村产业与空间一体化模式研究[D].杭州:浙江大学.

陈潇玮,田斌,2011.城市形态与可持续发展:以欧美国家棕色土地规划设计为例[J].生态经济,27(7):147-150.

邓仲良,张可云,2017.产业-空间匹配问题的研究回顾与最新进展[J].经济问题探索(11):165-176.

杜瑞泽,2015.因地而设计:"在地化设计"刍议[J].美术观察(1):16-17.

费孝通,2007.乡土中国[M].南京:江苏文艺出版社.

冯娟,2014.城市化进程中村镇主体空间行为的博弈研究[M].北京:科学出版社:26.

戈大专,龙花楼,2020.论乡村空间治理与城乡融合发展[J].地理学报,75(6):1272-1286.

桂俊荣.2013.国外农村建设与中国新农村建设对比研究[J].时代经贸(17):162-163.

郭泺,薛达元,杜世宏,2009.景观生态空间格局:规划与评价[M].北京:中国环境科学出版社:249.

韩非,蔡建明,2011.我国半城市化地区乡村聚落的形态演变与重建[J].地理研究,30(7):1271-1284.

贺纯纯,王应明,2014.网络层次分析法研究述评[J].科技管理研究,34(3):204-208.

贺勇,马灵燕,郎大志,2012.基于非正式经济的乡村规划实践与探讨[J].建筑学报(4):99-102.

黄华,肖大威,2016.城市郊区乡村规划问题研讨[J].南方建筑(4):104-107.

黄季焜,2020.乡村振兴:农村转型、结构转型和政府职能[J].农业经济问题,41(1):4-16.

黄祖辉,2023.建设宜居宜业和美乡村要在"和"字上做文章[J].农村工作通讯(5):40-42.

黄祖辉,黄宝连,顾益康,等,2012.成都市城乡统筹发展中的农村土地产权流转制度创新研究[J].中国土地科学,26(1):21-26.

黄祖辉,王朋,2009.我国农地产权制度的变迁历史:基于农地供求关系视角的分析[J].甘肃社会科学(3):1-5.

霍华德,2000.明日的田园城市[M].金经元,译.北京:商务印书馆.

贾亚鑫,2019.基于人地关系的村庄布局优化:以宜城市村庄为例[D].武汉:华中科技大学.

姜峥,2018.农村一二三产业融合发展水平评价、经济效应与对策研究[D].哈尔滨:东北农业大学.

焦必方,2009.农村和农业经济学[M].上海:上海人民出版社:48.

柯敏,2016.边缘城市视角下的区位导向型特色小镇建设路径:以嘉善上海人才创业小镇为例[J].小城镇建设(3):49-53.

李长虹,2012.可持续农业社区设计模式研究[D].天津:天津大学.

李德华,2001.城市规划原理[M].3版.北京:中国建筑工业出版社:9-10.

李健娜,黄云,严力蛟,2006.乡村人居环境评价研究[J].中国生态农业学报,14(3):192-195.

李俊英,2009.乌海市葡萄种植农户适度规模经营的实证分析[D].呼和浩特:内蒙古农业大学.

李淼,2011.湖南城郊型新农村规划理论体系的构建与实证研究[D].长沙:湖南农业大学.

李治,安岩,侯丽薇,2018.农村一二三产业融合发展的研究综述与展望[J].中国农学通报,34(16):157-164.

梁媛媛,2015.产业经济学理论与产业升级实例研究[M].北京:中国水利水电出版社.

刘超,唐婷,2019.乡村振兴中民族地区乡村治理的传统制度性资源:价值、困境与转型路径[J].四川行政学院学报(1):53-60.

刘凤芹,2011.土地的规模效率和农业经济组织绩效研究[M].大连:东北财经大学出版社:30.

刘守英,王志锋,张维凡,等,2020."以地谋发展"模式的衰竭:基于门槛回归模型的实证研究[J].管理世界,36(6):80-92.

刘玉亭,程慧,2013.国内外边缘城市研究进展与述评[J].国际城市规划,28(3):52-58.

龙花楼,2015.论土地利用转型与土地资源管理[J].地理研究,34(9):1607-1618.

龙花楼,2019.乡村振兴规划他山之石:《劳特利奇乡村规划指南》评述[J].地理学报,74(2):404-407.

龙花楼,屠爽爽,2017.论乡村重构[J].地理学报,72(4):563-576.

马德勇,张晶,2014.县域经济"三化统筹"评估指标体系建立初探:以辽宁省辽阳县为例[J].科技视界(31):42-43.

毛汉英,2000.日本第五次全国综合开发规划的基本思路及对我国的借鉴意义[J].世界地理研究,9(1):105-112.

牟宗莉,彭峰,刘胜尧,等,2019."共生"理论下的田园综合体规划策略:以嘉兴市秀洲区省级田园综合体为例[J].规划师,35(23):35-39.

农业部农村社会事业发展中心新农村建设课题组,2009.打造中国美丽乡村 统筹城乡和谐发展:社会主义新农村建设"安吉模式"研究报告[J].中国乡镇企业(10):6-13.

钱文荣,郑淋议,2019.中国农村土地制度的合理性探微:一个组织的制度分析范式[J].浙江大学学报(人文社会科学版),49(3):148-159.

钱文荣,朱嘉晔,2018.农民工的发展与转型:回顾、评述与前瞻:"中国改革开放四十年:农民工的贡献与发展学术研讨会"综述[J].中国农村经济(9):131-135.

裘东来,2014.长三角开发区产城融合发展研究:以嘉兴经济技术开发区为例[J].江南论坛(2):18-20.

绍轩.为什么说浙江"衣被天下"?[EB/OL].(2022-11-29)[2023-08-08].这个论坛给你答案. http://www.news.cn/mrdx/2022-11/29/c_1310680457.htm.

沈费伟,肖泽干,2017.浙江省美丽乡村的指标体系构建与实证分析[J].华中农业大学学报(社会科学版)(2):45-51.

舒川根,2010.文化创意与新农村建设的有机结合:以安吉县创建"中国美丽乡村"为例[J].浙江社会科学(7):120-122.

松洪远,2012.中国乡村经济分析和政策研究(2006—2012)[M].北京:中国农业出版社:13.

宋京华,2013.新型城镇化进程中的美丽乡村规划设计[J].小城镇建设(2):57-62.

孙建欣,林永新,2015.空间经济学视角下城郊型开发区产城融合路径[J].城市规划,39(12):54-63.

孙炜玮,2014.基于浙江地区的乡村景观营建的整体方法研究[D].杭州:浙江大学.

屠爽爽,龙花楼,张英男,等,2019.典型村域乡村重构的过程及其驱动因素[J].地理学报,74(2):323-339.

万群,2016.人地共生下的重庆市村域生产空间重构研究:以合川区大柱村为例[D].重庆:西南大学.

汪彩琼,2012.新时期浙江美丽乡村建设的探讨[J].浙江农业科学,53(8):1204-1207.

王纪武,金一,李王鸣,2015.基于城市边缘区判定的城市地域空间结构研究:以杭州市为例[J].城市规划,39(9):21-26.

王静文,2015.城镇化进程中城郊都市农业景观组织[J].规划师,31(S1):249-253.

王培东,2013.县域土地综合整治潜力评价和整治分区研究:以秦皇岛市昌黎县为例[D].保定:河北农业大学.

王铁成,2008.我国城市开发区土地集约利用评价研究:以南京市为例[D].南京:南京农业大学.

王晓,2020.人地关系视角下华北平原地区乡村空间重构规划研究[D].济南:山东建筑大学.

王雪如,2011.杭州双桥区块乡村"整体统一、自主建造"模式研究[D].杭州:浙江大学.

王兆宇,2016.我国产业重构的新态势与新思路[J].宏观经济管理(1):74-75.

王竹,傅嘉言,钱振澜,等,2019.走近"乡建真实"从建造本体走向营建本体[J].时代建筑(1):6-13.

王竹,钱振澜,2015.乡村人居环境有机更新理念与策略[J].西部人居环境学刊,30(2):15-19.

王竹,沈昊,2016.基于景观变化驱动力的乡村空间规划策略研究:以浙江莫干山镇劳岭村规划设计研究与实践为例[J].西部人居环境学刊,31(2):6-10.

王竹,王珂,陈潇玮,等,2020.乡村"人地共生"景观单元认知框架[J].风景园林,27(4):69-73.

王竹,王韬,2014.主体认知与乡村聚落的地域性表达[J].西部人居环境学刊,29(3):8-13.

王竹,徐丹华,钱振澜,2019.基于精准助农的"小微田园综合体":概念、模式与实践[J].西部人居环境学刊,34(3):89-96.

王竹,徐丹华,钱振澜,等,2019.乡村产业与空间的适应性营建策略研究:以遂昌县上下坪村为例[J].南方建筑(1):100-106.

魏秦,2013.地区人居环境营建体系的理论方法与实践[M].北京:中国建筑工业出版社.

翁一峰,吕斌,鲁晓军,2014."产权关系"视角下的乡村空间发展探究:以无锡市阳山镇为例[J].城市规划,38(10):51-58.

邬建国,2007.景观生态学:格局、过程、尺度与等级[M].2版.北京:高等教育出版社.

吴理财,吴孔凡,2014.美丽乡村建设四种模式及比较:基于安吉、永嘉、高淳、江宁四地的调查[J].华中农业大学学报(社会科学版)(1):15-22.

项继权,2009.论我国农村社区的范围与边界[J].中共福建省委党校学报(7):4-10.

徐德琳,邹长新,徐梦佳,等,2015.基于生态保护红线的生态安全格局构建[J].生物多样性,23(6):740-746.

徐会夫,2014.新型农村社区的发展转型:从"土地集中集约"到"社区综合发展"[J].规划师,30(3):13-16.

徐勇,2012.阶级、集体、社区:国家对乡村的社会整合[J].社会科学战线(2):169-179.

姚翔宇,钱振澜,傅嘉言,等,2019.田园综合体的概念辨析与特征认知[J].建筑与文化(9):57-58.

叶红,2015.珠三角村庄规划编制体系研究[D].广州:华南理工大学.

叶齐茂,2005.国外村镇规划设计的理念[J].城乡建设(4):66-69.

应建敏,汪琦,2015.上海新农村的嬗变升华:从村庄改造到美丽乡村建设[J].中国园林,31(12):14-17.

俞孔坚,王思思,李迪华,等,2010.北京城市扩张的生态底线:基本生态系统服务及其安全格局[J].城市规划,34(2):19-24.

张红培,2013.城市化进程中城郊乡村的失序与治理:基于X省A村的个案分析[D].北京:中央民族大学.

张思,2004.近代华北村落共同体的变迁:农耕结合习惯的历史人类学考察[M].北京:商务印书馆:1-9.

赵庆利,2010.现代农业背景下的农地管理[J].中国土地(7):59.

赵秀玲,1998.中国乡里制度[M].北京:社会科学文献出版社:190-197.

赵之枫,郑一军,2014.农村土地特征对乡村规划的影响与应对[J].规划师,30(2):31-34.

中华人民共和国商务部对外贸易司.中国化纤织造名镇——浙江省杭州市萧山区党山镇[EB/OL].(2012-11-01)[2023-08-25]. https://www.tnc.com.cn/info/c-001001-d-66535.html.

周榕,2014.建筑是一种陪伴:黄声远的在地与自在[J].世界建筑(3):74-81.

周颖,濮励杰,张芳怡,2006.德国空间规划研究及其对我国的启示[J].长江流域资源与环境,15(4):409-414.

朱怀,2014.基于生态安全格局视角下的浙北乡村景观营建研究[D].杭州:浙江大学.

朱晓青,2011.基于混合增长的"产住共同体"演进、机理与建构研究[D].杭州:浙江大学.

朱晓青,石斌,邬轶群,2020.基于模块化理念的民宿产业包设计研究[J].建筑与文化(1):36-37.

外文文献

Abildtrup J, Audsley E, Fekete-Farkas M, et al, 2005. Socio-economic scenario development for the assessment of climate change impacts on agricultural land use:a pairwise comparison approach[J]. Environment Science Policy,9(2):101-115.

Afric P,2000. Local strategic planning and sustainable rural Livelihoods:rural district planning in Zimbabwe:a case study report to the UK Department for International Development[M]. Bulawayo:Famona.

Ali A M S, 2006. Population pressure,agricultural intensification and changes in rural systems in Bangladesh[J]. Geoforum,38(4):720-738.

Anderson Z R,Kusters K,McCarthy J,et al, 2016. Green growth rhetoric versus reality:insights from Indonesia[J]. Global Environmental Change,38:30-40.

Antrop M,Van Eetvelde V, 2000. Holistic aspects of suburban landscapes:visual image interpretation and landscape metrics[J]. Landscape Urban Plan,50(1):43-58.

Aunan K,Hansen M,Liu Z H,et al, 2019. The hidden hazard of household air pollution in rural China[J]. Environmental Science and Policy, 93:27-33.

Azizalrahman H,Hasyimi V, 2019. A model for urban sector drivers of carbon emissions[J]. Sustainable Cities Society,44:46-55.

Bahadure S,Kotharkar R, 2015. Assessing sustainability of mixed use neighbourhoods through residents' travel behaviour and perception:the case of Nagpur,India[J]. Sustainability,7(9):12164-12189.

Bakirtas T,Akpolat A G, 2018. The relationship between energy consumption,urbanization,and economic growth in new emerging-market countries[J]. Energy,147:110-121.

Barbier E B, 2016. Is green growth relevant for poor economies? [J]. Resource Energy Econnomics,45:178-191.

Bellandi M,Lombardi S, 2012. Specialized markets and Chinese industrial clusters:the experience of Zhejiang Province[J]. China Economic Review,23(3):626-638.

Boody G,Vondracek B,Andow D A, et al, 2005. Multifunctional agriculture in the United States[J]. BioScience,55:27-38.

Burchell R W,Mukherji S, 2003. Conventional development versus managed growth:the costs of sprawl[J]. American Journal of Public Health,93(9):1534-1540.

Burton E, 2000. The compact city:just or just compact? A preliminary analysis[J]. Urban Studies,37(11):1969-2006.

Bontje M,Burdack J, 2005. Edge cities,European-style:examples from Paris and the Randstad[J]. Cities,22:317-330.

Brunetta G, 2007. Incentives,regulations and plans:the role of states and nation-states in smart growth planning[M]. Cheltenham:Edward Elgar Publishing Limited.

参考文献

Cai J L,Yin H,Varis O,2018. Impacts of urbanization on water use and energy-related CO_2 emissions of residential consumption in China: a spatio-temporal analysis during 2003-2012[J]. Journal of Cleaner Production,194:23-33.

Carnevale E A,Ferrari L,Paganelli S,2011. Investigation on the feasibility of integration of high temperature solar energy in a textile factory[J]. Renewable Energy,36(12):3517-3529.

Casini L,Boncinelli F,Gerini F,et al,2021. Evaluating rural viability and well-being: evidence from marginal areas in Tuscany[J]. Journal of Rural Studies,82:64-75.

Chen X W,Zhang T Y,Jia F,2020. Industry convergence as a strategy for achieving sustainable development of agricultural complex: the case of Sandun-Lanli in China[J]. Business Strategy and the Envioroment,29(6),2679-2694.

Cheng Z,Wang H M,Wang L,et al,2018. Mix leading to success? Exploring the innovative development model in peri-urban China[J]. Habitat International,82:1-8.

Chertow M R,2007. "Uncovering" industrial symbiosis[J]. Journal of Industrial Ecology,11(1):11-30.

Chesbrough H,2010. Business model innovation: opportunities and barriers[J]. Long Range Planning,43(2-3):354-363.

Conrad E,2012. The European landscape convention: challenges of participation[J]. Landscape Research,37(3):383-385.

Cullingworth B,Caves R W,2003. Planning in the USA: Policies, issues, and processes[M]. New York: Routledge.

Carl F,2006. Resilience: the emergence of a perspective for social-ecological systems analyses[J]. Global Environmental Change,16(3):253-267.

Damigos D,2006. An overview of environmental valuation methods for the mining industry[J]. Journal of Cleaner Production,14(3-4):234-247.

De Boer M,Van Den Bosch F A J,Volberda H W,1999. Managing organizational knowledge integration in the emerging multimedia complex[J]. Journal of Managment Studies,36(3):379-398.

Dercon S,2009. Rural poverty: old challenges in new contexts[J]. World Bank Research Observer,24(1):1-28.

Dercon S,2014. Is green growth good for the poor?[J]. World Bank Research Observer,29:163-185.

Douglas D J A,2005. The restructuring of local government in rural regions: a rural development perspective[J]. Journal of Rural Studies,21(2):231-246.

Düwel J, Guschow N, 2001. Stadtebau in Deutschland im 20. Jahrhundert: Ideen, Projekte, Akreure [M]. Wiesbaden: B G Teubner GmbH.

Fang Y C, Liu X H, Zheng H L, et al, 2021. Eco-friendly colorization of textile originating from polydopamine nanofilm structural color with high colorfastness [J]. Journal of Cleaner Production, 295: 126523.

Feng Z H, Zou L L, Wei Y M, 2011. The impact of household consumption on energy use and CO_2 emissions in China [J]. Energy, 36(1): 656–670.

Gallagher K S, 2006. Limits to leapfrogging in energy technologies? Evidence from the Chinese automobile industry [J]. Energy Policy, 34(4): 383–394.

Gallent N, Juntti M, 2007. Introduction to Rural Planning [M]. London Journal of Cleaner Production: Routledge: 2–57.

Ghisellini P, Cialani C, Ulgiati S, 2016. A review on circular economy: the expected transition to a balanced interplay of environmental and economic systems [J]. Journal of Cleaner Production, 114: 11–32.

Gilbert J, 1982. Rural theory: the grounding of rural sociology [J]. Kwal Sociology, 47(4): 609.

Grant J, 1997. Planning and designing industrial landscapes for eco-efficiency [J]. Journal of Cleaner Production, 5: 75–78.

Grant J L, Nelson A C, Forsyth A, et al., 2013. The future of the suburbs [J]. Planning Theory & Practice, 14(3), 391–415. https://doi.org/10.1080/14649357.2013.808833.

Griffiths S, Vaughan L, Haklay M, et al, 2008. The sustainable suburban high street: a review of themes and approaches [J]. Geogr Compass, 2(4): 1155–1188.

Guan J, Gao J, Zhang C Z, 2019. Food heritagization and sustainable rural tourism destination: the case of China's Yuanjia village [J]. Sustainability, 11(10): 2858.

Halfacree K H, 1993. Locality and social representation: space, discourse and alternative definitions of the rural [J]. Journal of Rural Studies, 9(1): 23–37.

Han Y H, Zhang F, Huang L X, et al, 2021. Does industrial upgrading promote eco-efficiency? A panel space estimation based on Chinese evidence [J]. Energy Policy, 154: 112286.

Handy S, 2005. Smart growth and the transportation-land use connection: what does the research tell us? [J]. International Regional Science Review, 28(2): 146–167.

Hasanov M, Zuidema C, 2018. The transformative power of self-organization: towards a conceptual framework for understanding local energy initiatives in the Netherlands [J].

Energy Research and Social Science,37:85 - 93.

Hassanli N,Gross M J,Brown G, 2016. The emergence of home-based accommodations in Iran:a study of self-organization[J]. Tourish Management,54:284 - 295.

Hayat N,Hussain A,Lohano H D, 2020. Eco-labeling and sustainability:a case of textile industry in Pakistan[J]. Journal of Cleaner Production,252:119807.

He Z,Rayman-Bacchus L,Wu Y M, 2011. Self-organization of industrial clustering in a transition economy:a proposed framework and case study evidence from China[J]. Research Policy,40:1280 - 1294.

Hepburn C,Qi Y,Stern N,et al, 2021. Towards carbon neutrality and China's 14th Five-Year Plan:clean energy transition,sustainable urban development,and investment priorities[J]. Environmental Science and Ecotechnology,8:100130.

Ho P, 2017. Who owns China's housing? Endogeneity as a lens to understand ambiguities of urban and rural property[J]. Cities,65:66 - 77.

Honjo K,Kubo T, 2020. Social dilemmas in nature-based tourism depend on social value orientations[J]. Scientific Reports,10:3730.

Hu Q N,Zhang T,Jiao Z Q,et al. 2023. How does industrial transformation enhance the development of coastal fishing villages:lessons learned from different transformation models in Qingdao,China[J]. Ocean and Coast Management,235:106470.

Hur T,Kim I,Yamamoto R, 2004. Measurement of green productivity and its improvement[J]. Journal of Cleaner Production,12(7):673 - 683.

Jo F, 2010. Mixed-use trade-offs:how to live and work in a compact city neighbourhood[J]. Built Environment,36(1):47 - 62.

Jacobs J, 1962. The death and life of great American cities[M]. New York:Random House.

Jänicke M, 2012. "Green growth" :from a growing eco-industry to economic sustainability[J]. Energy Policy,48:13 - 21.

Jia F,Yin S Y,Chen L J,et al, 2020. The circular economy in the textile and apparel industry:a systematic literature review[J]. Journal of Cleaner Production,259(6):120728.

Jiang Y F,Long H L,Ives C D, et al, 2022. Modes and practices of rural vitalisation promoted by land consolidation in a rapidly urbanising China:a perspective of multifunctionality[J]. Habitat International,121:102514.

Jones P, Roberts M, Morris L, 2007. Rediscovering mixed-use streets:the contribution of local high streets to sustainable communities[M]. Bristol:Policy Press in association with the Joseph Rowntree Foundation.

Jackson K T,1987. Crabgrass frontier:the suburbanization of the United States[M]. Oxford:Oxford University Press:1-77.

Kajikawa Y,Tacoa F,Yamaguchi K, 2014. Sustainability science:the changing landscape of sustainability research[J]. Sustainability Science,9:431-438.

Koomen E, 2011. Indicators of rural vitality. A GIS-based analysis of socio-economic development of the rural Netherlands[J]. Research Memorandum, 50:2011-2050.

Kristensen S B P,Præstholm S,Busck A G,et al, 2019. On-farm business structure diversification in Greater Copenhagen:farmers in an urban landscape or entrepreneurs in a rural landscape? [J]. Land Use Policy,88:104093.

Lapping M B, Daniels T, Keller J W. Rural planning and development in the United States [EB/OL]. (1989-02-03)[2023-12-22]. https://cir.nii.ac.jp/crid/1130000793882740736.

Lau S S Y,Giridharan R,Ganesan S, 2005. Multiple and intensive land use:case studies in Hong Kong[J]. Habitat International,29(3):527-546.

Lee C T,Lim J,Fan Y, et al, 2018. Enabling low-carbon emissions for sustainable development in Asia and beyond[J]. Journal of Cleaner Production, 176:726-735.

Léon Y. 2005. Rural development in Europe:a research frontier for agricultural economists[J]. Eur Rev Agric Econ,32,:301-317.

Leong C,Pan S L,Newell S,et al, 2016. The emergence of self-organizing E-commerce ecosystems in remote villages of China:a tale of digital empowerment for rural development[J]. MIS Q,40:475-484.

Liu W,Zhan J Y,Zhao F, et al, 2021. Exploring the coupling relationship between urbanization and energy eco-efficiency:a case study of 281 prefecture-level cities in China[J]. Sustainable Cities and Society, 64:102563.

Liu Y S,Zou L L,Wang Y S, 2020. Spatial-temporal characteristics and influencing factors of agricultural eco-efficiency in China in recent 40 years[J]. Land Use Policy, 97:104794.

Long H L, 2014. Land consolidation:an indispensable way of spatial restructuring in rural China[J]. Journal of Geogrphical,24:211-225.

Long H L,Heilig G K,Li X B, et al, 2007. Socio-economic development and land-use change:analysis of rural housing land transition in the Transect of the Yangtse River,China [J]. Land Use Policy,24(1):141-153.

Long H L,Zou J,Liu Y S, 2009. Differentiation of rural development driven by industrialization and urbanization in eastern coastal China[J]. Habitat International, 33:454-462.

Lüthje B, 2019. Platform capitalism "made in China"? Intelligent manufacturing, Taobao villages and the restructuring of work[J]. Science Technology and Society, 24(2): 199-217.

Marsden T, Sonnino R, 2008. Rural development and the regional state: denying multifunctional agriculture in the UK[J]. Journal of Rural Studies, 24: 422-431.

Marton A M, 1998. Urbanization in China's Lower Yangzi Delta: Transactional Relations and the Repositioning of Locality[M]. Singapore: World Scientific and Singapore University Press.

Maxime D, Marcotte M, Arcand Y, 2005. Development of eco-efficiency indicators for the Canadian food and beverage industry[J]. Journal of Cleaner Production, 14(6-7): 636-648.

Meraner M, Pölling B, Finger R, 2018. Diversification in peri-urban agriculture: a case study in the Ruhr metropolitan region[J]. Journal of Land Use Science, 13(3): 284-300.

Mualam N, Salinger E, Max D, 2019. Increasing the urban mix through vertical allocations: public floorspace in mixed use development[J]. Cities, 87: 131-141.

Novaković M, Popović D M, Mladenović N, et al, 2020. Development of comfortable and eco-friendly cellulose based textiles with improved sustainability[J]. Journal of Cleaner Production, 267: 122-154.

Osterwalder A, Pigneur Y, 2010. Business Model Generation: a handbook for visionaries, game changers and challengers[J]. African Journal of Business Management, 5: 1-5.

Ostrom E, Burger J, Field C B, et al, 1999. Revisiting the commons: local lessons, global challenges[J]. Science, 284: 278-282.

Pacione M, 1984. Rural geography[M]. London: Harper and Row.

Parisi M L, Fatarella E, Spinelli D, et al, 2015. Environmental impact assessment of an eco-efficient production for coloured textiles[J]. Journal of Cleaner Production, 108: 514-524.

Penazzi S, Accorsi R, Manzini R, 2019. Planning low carbon urban-rural ecosystems: an integrated transport land-use model[J]. Journal of Cleaner Production, 235: 96-111.

Poudevigne I, Van Rooij S, Morin P, et al, 1997. Dynamics of rural landscapes and their main driving factors: a case study in the Seine Valley, Normandy, France[J]. Landscape and Urban Planning, 38: 93-103.

Purvis B, Mao Y, Robinson D, 2019. Three Pillars of sustainability: in search of conceptual origins[J]. Sustainability Science, 14(3): 681-695.

Rabianski J, Gibler K, Tidwell O A, et al, 2009. Mixed-use development: a call for research[J]. Journal of Real Estate Literature,17:205－230.

Ravenscroft N, 2000. The vitality and viability of town centres[J]. Urban Studies,37: 2533－2549.

Renting H,Rossing W A H,Groot J C J, et al, 2009. Exploring multifunctional agriculture: a review of conceptual approaches and prospects for an integrative transitional framework[J]. Journal of Environmental Management,90:S112－S123.

Reuschke D,Houston D, 2022. The intra-urban residential and workplace locations of small business owners[J]. Journal of Urban Affairs,44:926－948.

Rozelle S,Boisvert R N,1995. Control in a dynamic village economy: the reforms and unbalanced development in China's rural economy[J]. Journal of Development Economics, 46(2):233－252.

Sen A, 1987. Commercialisation and Economic Analysis[J]. Economic and Political Weekly:38－46.

Setianto A,Triandini T, 2015. Comparison of Kriging and inverse distance weighted (IDW) interpolation methods in lineament extraction and analysis[J]. Journal of Southeast Asian Applied Geology,5(1):21－29.

Shi Q, Gao Y, 2020. Sustainable development of rural household economy[M]. New York: Springer.

Shukla S R,Sinclair A J, 2010. Strategies for self-organization: learning from a village-level community-based conservation initiative in India[J]. Human Ecology,38:205－215.

Shumway J M, Otterstrom S M, 2001. Spatial patterns of migration and income change in the mountain west: the dominance of service-based,amenity-rich counties[J]. The Professional Geographer,53:492－502.

Si S,Yu X B,Wu A Q, et al, 2015. Entrepreneurship and poverty reduction: a case study of Yiwu,China[J]. Asia Pacific Journal of Management,32(1):119－143.

Sick N,Preschitschek N,Leker J, et al, 2019. A new framework to assess industry convergence in high technology environments[J]. Technovation,84/85:48－58.

Sun J,Ke Z Y,Zhang Y J,et al, 2023. Pharmaceutical active compounds in a heavily industrialized and urbanized bay, Eastern China[J]. Environmental Science and Pollution Research,30(18):51624－51637.

Stern M A,Marsh W M, 1997. The decentered city: edge cities and the expanding metropolis[J]. Landscape and Urban Planning,36(4):243－246.

Tao W,Mehndiratta S,Deakin E, 2010. Compulsory convenience? How large arterials and land use affect midblock crossing in Fushun,China[J]. Journal of Transport and Land

Use, 3(3): 61-82.

Tian J F, Yu L G, Xue R, et al, 2022. Global low-carbon energy transition in the post-COVID-19 era[J]. Applied Energy, 307: 118205.

Tian L, Liang Y L, Zhang B H, 2017. Measuring residential and industrial land use mix in the peri-urban areas of China[J]. Land Use Policy, 69: 427-438.

Tittonell P, 2020. Assessing resilience and adaptability in agroecological transitions [J]. Agricultural Systems, 184: 102862.

Triyuliana V, Prakoso S, 2020. Live-work housing concept for Rusunawa in Indonesia: is it possible? [J]. Journal of Regional and City Planning, 31: 122-138.

Wang G M, Côté R, 2011. Integrating eco-efficiency and eco-effectiveness into the design of sustainable industrial systems in China[J]. International Journal of Sustainable Development and World Ecology, 18: 65-77.

Wang H, Chen X W, Jia F, et al., 2023. Digital twin-supported smart city: Status, challenges and future research directions[J]. Expert Systems with Applications, 217, 119531. https://doi.org/10.1016/j.eswa.2023.119531.

Wang J J, Zhou F M, Xie A L, et al, 2024. Impacts of the integral development of agriculture and tourism on agricultural eco-efficiency: a case study of two river basins in China [J]. Environment Development and Sustainability, 26: 1701-1730.

Wei Y D, Li W M, Wang C B, 2007. Restructuring industrial districts, scaling up regional development: a study of the Wenzhou model, China[J]. Economic Geography, 83(4): 421-444.

Wu Y Z, Chen Y X, Deng X Y, et al, 2018. Development of characteristic towns in China[J]. Habitat International, 77: 21-31.

Yang X, Jiang Y, Chen X W, et al., 2024. ICT-empowered rural e-commerce development in China: An adaptive structuration perspective[J]. International Journal of Technology Management, 95(1-2), 90-119. https://doi.org/10.1504/IJTM.2024.137016.

Yokohari M, Takeuchi K, Watanabe T, et al., 2000. Beyond greenbelts and zoning: A new planning concept for the environment of Asian mega-cities[J]. Landscape and urban planning, 47(3-4), 159-171.

Zang Y Z, Liu Y S, Yang Y Y, et al, 2020. Rural decline or restructuring? Implications for sustainability transitions in rural China[J]. Land Use Policy, 94: 104531.

Zhang F, Deng X Z, Phillips F, et al, 2020. Impacts of industrial structure and technical progress on carbon emission intensity: evidence from 281 cities in China[J]. Technological Forecasting and Social Change, 154: 119949.

Zhang H, Wang X R, Ho H H, et al, 2008. Eco-health evaluation for the Shanghai metropolitan area during the recent industrial transformation (1990 – 2003)[J]. Journal of Environmental Management,88(4):1047 – 1055.

Zhong J, Cheng H, Chen X W, et al. , 2023. A systematic analysis of quality management in agri-food supply chains: A hierarchy of capabilities perspective[J]. Supply Chain Management: An International Journal, 28(3), 619 – 637. https://doi.org/10.1108/SCM-12-2021 – 0547.

Zhang Y Z, Wang L W, Tang Z, et al, 2022. Spatial effects of urban expansion on air pollution and eco-efficiency: evidence from multisource remote sensing and statistical data in China[J]. Journal of Cleaner Production,367:132973.

Zhou Y, Guo L Y, Liu Y S, 2019. Land consolidation boosting poverty alleviation in China: theory and practice[J]. Land Use Policy, 82: 339 – 348.

Zhou Y, Li Y M, Xu C C, 2020. Land consolidation and rural revitalization in China: mechanisms and paths[J]. Land Use Policy,91:104379.

Zhu X Q, Wang C L, Jin T, 2012. Analysis of the professional market settlement paradigm based on mixed-use: a case study on work-live community in Xiaoshan commercial market[J]. Applied Mechanics and Materials,209/210/211,:81 – 86.

Zhu X Q, Zhang T C, Gao W J, et al, 2020. Analysis on spatial pattern and driving factors of carbon emission in urban-rural fringe mixed-use communities: cases study in East Asia[J]. Sustainability,12:3101.

Zhu X Q, Zhang Z Q, Chen X W, et al, 2022. Nexus of mixed-use vitality, carbon emissions and sustainability of mixed-use rural communities: the case of Zhejiang[J]. Journal of Cleaner Production,330:129766.

Zhu X Q, Chen Q E, Chen X W, et al, 2024. How Industry Integration Improves the Eco-efficiency of the Textile Industry: The Case of Qun-yi Village in China[J]. Journal of Cleaner Production, 438: 140490.